# 捧着一颗心来

## ——班主任的那些事儿

李 杰 杨 文◎主编

电子科技大学出版社
University of Electronic Science and Technology of China Press

·成都·

图书在版编目（CIP）数据

捧着一颗心来：班主任的那些事儿 / 李杰，杨文主编. -- 成都：成都电子科大出版社，2025. 1. -- ISBN 978-7-5770-1375-6

Ⅰ. G451.6

中国国家版本馆 CIP 数据核字第 2025BB6692 号

捧着一颗心来——班主任的那些事儿
PENGZHE YI KE XIN LAI——BANZHUREN DE NAXIE SHIR

李　杰　杨　文　主编

策划编辑　高小红　姚隆丹
责任编辑　姚隆丹
责任校对　杨仪玮
责任印制　段晓静

出版发行　电子科技大学出版社
　　　　　成都市一环路东一段159号电子信息产业大厦九楼　邮编 610051
主　　页　www.uestcp.com.cn
服务电话　028-83203399
邮购电话　028-83201495

印　　刷　成都市火炬印务有限公司
成品尺寸　170 mm×240 mm
印　　张　15.75
字　　数　280千字
版　　次　2025年1月第1版
印　　次　2025年1月第1次印刷
书　　号　ISBN 978-7-5770-1375-6
定　　价　68.00元

# 编　委　会

与童心相伴，
携着春同行，
以智慧育人，
用生命写诗。

李镇西
二〇二二年三月七日

## 推荐语一

班主任的工作是塑造灵魂、塑造生命、塑造人的工作，班主任的言行激励并引领着学生成长成才。《捧着一颗心来——班主任的那些事儿》是一本充满温情与智慧的经验积淀之作。书中内容均以亲身经历为基础，生动描绘了班主任工作的方方面面与点点滴滴，展现了教育工作者的责任与情怀。书中既有对学生的关爱与引导，也有对教育理念的深刻思考，读来令人感动且深受启发。这本书不仅是班主任工作的真实写照，更是对教育事业的一份深情告白，值得教育工作者细细品味。

——西华师范大学党委常委、副校长龙汉武

## 推荐语二

《捧着一颗心来——班主任的那些事儿》不仅是一本关于教育的书，更是一本关于心灵与成长的温暖记录。班主任，这一平凡却伟大的角色，每日以爱与智慧照亮学生的未来。他们捧着一颗心，照亮了无数孩子的梦想与希望。

在这本书中，我们看到了班主任的辛勤付出、无私关怀，也看到了他们在教育路上的坚持与智慧。每一个故事，都是对教育初心的坚守；每一段经历，都是对生命成长的深刻理解。

愿每一位读者在阅读这本书时，都能感受到教育的力量与温度，也愿每一位教育工作者继续捧着一颗心，照亮更多孩子的未来。因为，教育不仅仅是传授知识，更是点燃心中的光。献给所有默默奉献的班主任。

—— 成都市名班主任工作室领衔人、正高级教师、特级教师秦江

# 推荐语三

读此新作，流畅连贯之感油然而生。

"捧着一颗心来"，语出人民教育家、思想家陶行知先生。为师者捧着的"一颗心"，自是对教育的赤诚之心，是呵护成长的拳拳爱心。

这本由李杰、杨文两位老师担任主编的书籍，是凝聚教育智慧与人文情怀的专业指南。本书以"七心"为线索，为班主任工作描画出系统的育人坐标系。编者秉持"爱心为魂、专业为基"的理念，将班主任职责凝练为"七心"构成的成长阶梯：以教育故事彰显人性温度的"爱心"，用智慧策略构建秩序美学的"慧心"，借主题班会搭建心灵对话桥梁的"知心"，通过德育活动唤醒天性的"童心"，在学科教学中渗透育人价值的"匠心"，以文化建设凝聚集体认同的"齐心"，最终达成家校协同育人的"同心"。

本书既有理论高度又具实践智慧，方法工具清晰，案例丰富典型，不仅是新班主任入门引路的灯塔，更是经验型教师自我超越的罗盘，值得珍藏研读。

在守护心灵成长的道路上，愿更多的教育人与本书编写者携手同行，不断自我精进，永葆赤子之心，磨砺专业之光。

——成都市七中育才学校华兴分校党支部书记、校长詹滢

# 用这七颗心，赢得孩子那颗心

第一次看到这本书，我就被书名中的"捧着一颗心来"吸引了。我不禁会想，班主任捧着的究竟是一颗什么样的心？

细细阅读，慢慢品味，我才发现哪里才是一颗心，而是整整七颗心：爱心、慧心、知心、童心、匠心、齐心、同心。我不禁感叹，当班主任真不容易，也由衷地欣慰，幸好我也是班主任。

师生一场，我们在校园里有滋有味地过着属于我们的日子，这原本是生命中最深厚的缘分。字里行间，我才明白这"七颗心"的背后只为赢得孩子的信任，陪孩子健康幸福地成长！

这本书让我们看到，"爱孩子"并不是一句口号。静待花开、共同成长，课程育人、活动育人、学科育人、文化育人、家校共育，这些不仅是班主任的成长密码，也是我们打造理想班级的幸福密码。

当然，我经常说，研究方法不如研究人。在这些实用的方法背后，我能看到的是一个个鲜活的生命、一个个有趣的灵魂。

比如"静待花开"这个词语，我一直都很喜欢。

10年前的一个黄昏，在国外，一个爸爸开车载我，停在路边，遥望一家墨西哥餐厅，然后骄傲地告诉我，他的女儿在那里当服务员，孩子能自食其力了，他很欣慰。那一刻，我很羡慕，心想：什么时候，我们的家长也能仅仅因为"孩子能自食其力了"这个理由来给我报喜。

等了10年，我终于等到了。那晚，一个学生家长一脸幸福地告诉我，他的孩子初中毕业后没有去念高中，而是学了一门手艺，现在在商场里做美甲。他很骄傲地说，他的女儿长大了，没有学坏，能自食其力了，他很欣慰。

我听过了太多孩子考上知名大学的喜讯，但等这一刻却等了整整10年。

我相信，参与编写这本书的老师们，一定都是爱孩子的。因为他们懂得"静待花开"，更重要的是，懂得如何让孩子感受到班主任的这份爱。

### 孩子能感受到这份爱是因为"他能被看见"

很羡慕书中的这些孩子，因为班主任的眼中有他们。不管是学科育人——在课堂上举手发言被老师及时发现，活动育人——跑步冲过终点被班主任热情拥抱，还是文化育人——平时与班主任相遇时总被热情相待、笑脸相迎，这些都是孩子在被爱着的体现。这样的爱让孩子觉得自己被老师看见了。"被看见"才能"被理解"，而"被理解"会让人觉得很幸福。

### 孩子能感受到这份爱是因为"爱得很公平"

爱孩子的班主任有很多，但是这份爱的前面不能有任何附加条件。他们喜欢班主任老师不会因为自己成绩不好而忽视自己，不喜欢有人因为学习优异而被偏爱。看看这本书，里面描述的怎么算操行分、怎么排座位、怎么选班委干部……处处体现着"公平"二字。书中那些闪烁着智慧光芒的带班理念、带班策略，洋溢着和谐氛围的带班活动，以及散发着温暖气息的带班故事，都显得如此的珍贵。

### 孩子能感受到这份爱是因为"评价不唯一"

我们爱孩子的理由可以有很多，不能仅仅局限于分数，多一个评价孩子的维度，就多一分发现孩子的闪光点、挖掘其优秀特质的可能。在阅读这本书的时候，你一定会发现书中的几位班主任都有一个共同点：善于发现孩子身上的闪光点，让孩子在赞美与认同中不断进步。在对孩子进行评价之前，我们需要努力看见孩子的点滴进步和竭尽全力。很多人问我：叶老师，为什么我们班的孩子越来越不重视操行分了？我认真去看了这些班的操行分管理办法，无一例外，都无法调动孩子的积极性。对于一些学习能力有问题的孩子，如果不管他如何好好表现，只要作业不能得到 A、考试成绩不理想，就无法得到操行分，那么，他的操行分永远都很低。如果所谓的目标是永远都实现不了的，那它还能成为目标吗？孩子还会愿意为之努力吗？我特别喜欢本书的第五章，里面讲述了一群可爱的数学老师，他们努力思考如何用学科去激励人、影响人。当一群数学老师不仅仅用分数去衡量孩子的时候，这个班级的孩子一定会有更多的可能性，他们也才有可能变成那个你期待的"永不放弃"的自己。

## 孩子能感受到这份爱是因为"老师也做到"

我们的爱不是挂在嘴上的，而是做给孩子们看的。最好的教育是示范，而不是说教。我们要以身作则，让自己成为一个积极乐观、善良勇敢、直面挫折、勤奋好学、心态向上、行为向善的人，成为孩子喜欢的老师。这样的我们就会被孩子爱着，孩子也会感受到我们的这份爱。读完整本书，我能感受到书中的班主任为了营造积极、和谐的班级氛围，付出了很多努力。我们希望孩子不丢三落四，那么我们的班级管理也应该规划得井井有条；我们希望孩子积极面对挫折，那么我们在面对突发状况的时候就不能悲观无措；我们希望孩子在处理人际关系的时候懂得谦让平和，那么我们就不能情绪失控、大吼大叫……我们要去总结经验，并且乐于分享经验，让更多的班主任和我们一起，用智慧的方法和务实的言行去影响孩子，去做孩子的榜样！

班主任要呈现真实的人格，营造真实的班级生态，让孩子过真实的班级生活。正如伟大的人民教育家陶行知先生所说："真教育是心心相印的活动，唯独从心里发出来，才能打动心灵的深处。"可见，真实能让我们放下戒备，成为彼此值得信赖的朋友。

　　各位班主任，如果你还有点茫然，不妨打开这本书，好好揣摩一下这七颗心。如果真的做到了，你会发现，孩子们的心正在慢慢向你靠近……

叶德元

2024 年 12 月

# 序二

## 做一名眼里有光的班主任

李杰、杨文两位老师让我给即将付梓的《捧着一颗心来——班主任的那些事儿》写几句推荐语，我欣然应允。他们的教育故事总让我想起那句话："教育不是注满一桶水，而是点燃一团火。"而这两位老师，正是不断在学生心里点燃火光的班主任。

我与李杰老师同事五年，对他了解稍多。他爱打篮球，我们虽同为业余选手，他却有一招"防不住的上篮"堪称绝技——向左横跨、向后起跳、空中抛投，球画出一道优美的抛物线……"唰！"——哦不，更多时候是"咣当"！别误会，这声音是球弹框而出的声响。但您瞧他那咧到耳后的灿烂笑容，活脱脱把篮板当成了画布，硬是笑出了黄金分割的韵律感。

作为数学老师，他在数学组上公开课，我这个语文老师也爱去旁听。记得那堂几何课，学生们在 40 分钟内竟探索出一道题的五种解法，而他全程只做引导，最后黑板上呈现出多种思维模型。评课时他谦虚地笑着，眼里却闪着光——那是教师最动人的时刻：不是他在传授知识点，而是学生在创造知识网。

π 节是北京第二外国语学院成都附属中学学生每年最期待的活动之一。教学楼二楼偌大连廊上，人头攒动却井然有序，学生们沉浸在数智竞赛的头脑风暴中。别看李老师带着学生们"玩"数学——在一次全区期末统考中，他所带年级的学生在考试中取得了优异成绩。

更亮眼的是班级文化建设。班名、班徽、班旗、班约全由学生自主设计，班歌也是由学生原创作词，小组文化精细到组名、组号、组规、组照。班级劳动收获的韭菜、辣椒、向日葵，经李老师巧手包装就成了最走心的成长勋章。他让进步可视化，让成长有迹可循，更让每个学生的眼中闪烁星光。

数学老师当班主任，逻辑思维是优势，而两位老师更懂得教育的温度。他们创立的"数学班主任工作室"，汇聚校内外育人智慧，最终凝结成这本《捧着一颗心来 —— 班主任的那些事儿》。这本书建议您用三种方式品读：正着看，是带班实操指南；倒着看，是教育哲学心诀；斜对角看，满页都是跃动的教育密码。

无论您是数学还是语文老师，无论担任班主任还是科任老师，您翻开这本书，定能嘴角自然上扬 15 度，眼底泛起温暖的光芒。那光芒，是教育人最温暖的共鸣，也是他们内心最澎湃的力量的折射。

何光友

2024 年 12 月

# 前言

《中小学德育工作指南》中提到："始终坚持育人为本、德育为先。"当前的教育工作必须注重培养德智体美劳全面发展的社会主义建设者和接班人。通过树立正确的道德观念和行为准则，引导学生自觉践行社会主义核心价值观；通过优质的教育资源和创新的教学方法，激发学生的学习兴趣和创造力；通过多样化的体育、艺术和劳动教育，促进学生身心健康的发展和综合素质的提升。这样才能真正做到"为党育人、为国育才"。

班主任在立德树人的过程中扮演着至关重要的角色。作为学生学习和成长过程中的重要指导者和引路人，班主任不仅仅是班级秩序的管理者，更是学生成长的重要引导者和榜样。他们不断地与学生建立深厚的情感联系，关注和引导学生的品德养成、思想发展和行为规范，帮助学生树立正确的人生观、世界观和价值观。

陶行知先生曾说："捧着一颗心来，不带半根草去。"他的一生都在追寻和实现教育工作者的崇高理想。他深信教育的目的不仅仅是知识的传授，更是品德的塑造和人格的培养。他倡导的"爱心教育"理念，强调教师要以真挚的爱心对待每一个学生，关注他们的身心健康和全面发展。

本书以"捧着一颗心来——班主任的那些事儿"为名，就是想追随陶行知先生对教育的赤诚之心。本书共七章，每章均涵盖班主任工作的一个方面。我们以七颗心：爱心（教育故事）、慧心（班级管理）、知心（主题班会）、童心（班级活动）、匠心（学科育人）、齐心（班级文化）、同心（家校共育），来梳理和分享我们的班主任经验和故事。我们也希望本书能够成为广大年轻班主任的专业成长手册。

第一章：播种爱心，静待花开——作为教育工作者，爱心是我们最重要的品质之一。爱心不仅体现在对学生的关爱和理解上，更体现在对教育事业的热忱和奉献中。只有用爱心对待每一个学生，才能真正激发他们的学习兴趣，帮助他们克服困难，引导他们健康成长。

第二章：管理慧心，共同成长——在班级管理中，班主任需要运用智慧来处理各种复杂的情况和问题。管理慧心，意味着班主任不仅要有学识和经验，更要有思考问题的深度和解决问题的能力。班主任需要善于分析学生的心理和行为，通过正确的方法和手段来引导他们，帮助他们解决学习和生活中的困难，促进学生的全面成长和进步。

第三章：班会知心，课程育人——主题班会作为班主任的德育阵地，承载着重要的教育使命和功能。在班会上，班主任不仅是组织者和主持者，更扮演着与学生深入交流、沟通心声的重要角色。班主任通过设置各种富有教育意义的主题班会，引导学生思考、分享经验，增强他们的自我认知和社会责任感。

第四章：保持童心，活动育人——在教育中，班级活动不仅是学生身心发展的重要途径，也是班主任育人的有效手段之一。保持童心，意味着班主任要理解和尊重学生的个性特点，引导他们保持对新事物的好奇心和探索精神，并激发他们的创造力和合作精神，培养他们的领导能力和团队意识，引导他们在实践中成长和进步。

第五章：打造匠心，学科育人——在教育实践中，学科教师的匠心精神至关重要，尤其是在学科教育的育人方面。匠心精神不仅体现在教学内容的深度和广度上，更重要的是在教学方法的选择和创新上。本书以数学学科为例，通过深入研究学科知识，了解学生的学习需求和能力水平，设计生动有趣的教学活动，来激发学生的学习兴趣和探索精神。

第六章：聚力齐心，共谱新篇——班级文化建设是班主任工作中至关重要的一环。通过打造班名、班徽、班旗、班歌和班训等符号和文化元素，班主任可以有效地提升班级凝聚力，增强学生的集体认同感和归属感。同时，班主任还可以通过引导和激励学生，共同营造一个积极向上、和谐团结的班级氛围。

第七章：教育同心，家校共育——家校共育是德育工作中不可或缺的重要组成部分。家校双方共同育人能够更好地发挥各自的优势，形成教育工作的合力，促进学生的全面发展。同时，家校共育对社会资源的整合和共享，能够为学生提供更广阔的成长空间和发展机会，培养出具有社会责任感和创新能力的新时代公民。

本书由李杰、杨文担任主编，雷春桃、阳彦兰、雷红、苟雅茹、郑伟太担任副主编。感谢武侯区教育科学研究院王兮老师和四川大学陈朝东博士通读全稿并提出了宝贵的修改意见。感谢成都市七中育才学校教育集团党委副书记叶德元和北京第二外国语学院成都附属中学党委书记何光友为本书作序。感谢著名教育家李镇西为本书题写赠词。感谢西华师范大学党委常委、副校长龙汉武，成都市七中育才学校华兴分校党支部书记、校长詹滢，以及成都市名班主任工作室领衔人、正高级教师、特级教师秦江为本书撰写推荐语。同时，也对所有在本书编写过程中给予支持和帮助的老师表示由衷的感谢！

尽管尽了最大的努力，由于编者知识水平有限，书中难免有不妥和错误，恳请广大读者不吝批评和指正。

编　者

2024 年 10 月

# 目 录

# 第一章
## 播种爱心，静等花开

教育家陶行知先生说过："爱是一种伟大的力量，没有爱便没有教育，为人师者应当爱满天下。"每一个教育人都是有故事的人，特别是可爱、可敬的班主任们。作为班主任，在长期的教育教学生涯中，我们总有一些让人难忘的故事，总有一些让人动容的瞬间。每一个教育故事不仅仅是班主任平时工作点滴的记录，还饱含着班主任对学生浓浓的爱，更体现了班主任独特的育人智慧。作为班主任，我们应该学会发现身边的故事，记录身边的故事，讲述身边的故事。

在我们身边，每天都会发生许多精彩动人的故事，给我们带来感动、共鸣、思考。为此，我们精选了六个案例，希望通过这些故事的呈现，结合可操作、可借鉴的教育理论与教育实践，与一线的班主任共勉，守住教育的初心，带着一颗爱心走进学生的心灵。

教育家叶圣陶先生说过："教育是农业而不是工业。"农业意味着开犁播种，耕耘守护，这就像班主任总是在学生困难时给予其帮助，受挫时给予其鼓励，难过时给予其温暖，孤单时给予其陪伴。用耐心培养学生，用爱心浇灌学生，我想，这就是一个班主任应该有的样子。

#  "混世大魔王"成长记

一个普普通通的下午，我正在专心备课。突然，一位同学被班主任带进办公室。我一抬头，一个一米七左右的男生歪歪地站在那里，背着手，头转向窗外。他有一双很圆的眼睛，一刻不停地四处张望，心不在焉、不屑一顾。这是我对他的第一印象。第二次在办公室看见他时，他和妈妈一起在办公室被老师约谈。孩子妈妈坐在老师办公桌旁哭着数落他，而他还是那副不以为意的样子。后来，我陆陆续续从其他老师和同学那里听说了他的"光荣事迹"：他在学校帮别人组装二手手机零部件；不受父母的管教，时常与父母争吵；还悄悄溜进老师办公室，在电脑上偷看考试题目……总之，他就是我们年级名副其实的"混世大魔王"。

我常在心中暗自庆幸他不是我的学生。然而事情并不总如人愿，巧合总是能将人们聚集在一起。初三学校重新分班，我拿到分班名单，他的名字便赫然在列。虽然心有郁闷，但我还是接受了。我做好了和他斗智斗勇的准备。开学第一天，我便开启了雷达模式，在教室的各处搜寻他的身影，生怕他惹麻烦。然而一周过去了，班级里风平浪静，他的表现和其他同学无异。我暗地里松了口气，只要他不惹事，我也不愿管太多，平稳度过初三就是。一天早上，我打开多媒体准备上课，但奇怪的是电脑桌面上的希沃白板图标居然不见了。马上就要响铃了，我焦急万分，不知道该怎么处理。一转身，目光落在了坐在教室角落里的他的身上。我突然想起了他会组装手机，会修手机集成电路。我猜他也许能够处理这个小故障。于是，我用试探性的口吻问："你知道这是怎么回事吗？你愿意帮我处理一下吗？"我本以为他会不屑地拒绝，没想到，他思索了一下便同意了。"我试试吧。"他边说边懒散地走到讲台上。我看着他熟练地操作了一会儿，问题就解决了。"你太厉害了，你给老师解决了一个大问题，真是咱们三班的电教高手，老师挖掘到了一块宝石啊！"我当着全班同学的面说道。听到我夸奖他，他不好意思地笑了笑，回到了座位上。下课后，我找到他，问他愿不愿意来当班级的电教委员。他思考了一下还是那句："我试试吧！"让我高兴的是，自从他当上了班级的电教委员以后，每节课他都能提前帮老师打开电脑，上课也认真了很多。他的作业也能按时上交，按时改错……我第一时间把他的变化告知了他的妈妈。

　　在接下来的几周时间里，他仿佛变了一个人，各方面的行为习惯都很好。直到国庆节假期的第三天早晨，一阵刺耳的电话铃声将我从睡梦中吵醒。我接起电话，就听见他的妈妈又急又气地说："放假后，他完全不做作业，天天抱着手机打游戏。昨天，他爸爸批评了他，说不想再看见他。结果，今天早上起床，他真的不见了，只发了条短信给我，说你们不想见我，那我就走了，让你们再也见不到我。老师，我们该怎么办啊？我们打电话他也不接。"他的妈妈边哭边说。我赶紧安抚她，让她先别着急，告诉她先报警，然后，再去孩子常去的地方或家附近的商场、咖啡馆、公园等地方找找。挂了电话后，我也赶紧联系了和他关系比较好的几个孩子。一个小时后，警察在附近的公园找到了他。我担心家长找到孩子后又打骂孩子，激化家庭矛盾，便专门叮嘱家长先不要骂他，更不要打他，等开学了，我们和孩子一起解决。开学后，孩子妈妈带着他来到我的办公室。面对妈妈，他又是那副桀骜不驯的样子。教师的直觉告诉我，他和爸爸妈妈一定有我不知道的故事。于是，我决定与他们分开交谈。果然，没有父母在场，他轻松了很多，并直言不讳地告诉我，爸爸妈妈生了妹妹后，对他的关注就变少了。当兄妹两人发生矛盾时，父母经常不问原因地就让他无条件地让着妹妹。长此以往，他就觉得父母偏心、不公平。上次争吵时，爸爸又埋怨他不如妹妹懂事，还说他整天只会玩手机。他想到最近自己那么努力，却还是没有得到父母一句夸奖，一时想不通就离家出走了。了解了事情的前因后果后，我恍然大悟，他曾经种种的"不安分"只是为了引起父母的关注。之前，我们都没有找到孩子行为习惯背后真正的原因，只烦恼于他的调皮捣蛋、不守纪律、沉迷手机的表象，却没有发现现象背后的本质——一颗渴望得到父母关注、异常敏感的心。基于此，我让他和父母达成共识：一是爸爸妈妈要公平对待两兄妹；二是爸爸妈妈批评孩子时，要顾及孩子的尊严；三是与孩子商量，约定玩手机的时间；四是父母要主动关心孩子的学习和生活。

这件事让我明白了，我们在处理孩子问题的时候要注意：一是我们要与孩子多交流，不能妄加臆断，要发现隐藏在冰山之下的根本原因；二是我们要多给孩子试错和成长的机会，让孩子在学校里获得成就感；三是我们要加强家校共育，共同协作，一起帮助孩子解决问题。法国作家拉封丹曾写过一则寓言："南风和北风比赛威力，看谁能把路上行人身上的衣服脱掉。北风率先发威，一上来就拼命刮风，刺骨的寒风不仅没有脱下行人身上的衣服，反而让他们把大衣越裹越紧。南风则徐徐吹动，顿时风和日丽，春意盎然，行人纷纷脱掉衣服。"这则寓言启发了我：教师若不能用爱心对孩子循循善诱，便很难触碰到孩子的心灵；缺少心灵的共舞，仅凭成人的思维给孩子贴标签，就极有可能会伤害他们。唯有爱、信任与鼓励，才能够真正帮助孩子们健康成长，全面发展。

# ② 做亲子沟通的桥梁

初见时，小章是一个乖巧可爱的女孩子，她那双大大的眼睛让我很快就记住了她。记得初一刚开学那会儿，我还没有排座位，让同学们根据自己的情况选一个位置先坐着。于是，她悄悄地找了一个角落坐了下来，那个角落仿佛成了她的私人小世界，无人能进。上课的时候，她也不敢直视我的眼睛。多年的教学经验告诉我，这个孩子背后一定有故事。一个月很快过去了，在这段时间里，她的表现平平淡淡，既没有犯什么大错，也没有什么值得大力表扬的地方。很快，班级管理的忙碌让我忘了这个眼神飘忽的女孩子。

我们学校是寄宿制学校，学生周一到周四吃住都在学校，而周五则离校回家。国庆放假返校的当天晚上，我担心他们放假刚回来，有些激动，可能会不好好睡觉，因此，我特地去学生寝室查看情况。没想到，我刚到女生寝室，就发现小章坐在上铺悄悄地抹眼泪。考虑到初中学生有些爱面子，我并没有声张，只是走到她身边，帮她擦了擦眼泪，拍了拍她的肩膀，示意她先睡觉。临走前，我特地给生活老师打了个招呼，让她多关注一下这个孩子的一举一动。辗转一夜，我也没有睡好。天还没有亮，我就早早来到了学校，把她叫到一个安静的角落。我们面对面坐着。她的眼睛因哭泣而红肿，此刻仍含着眼泪。我试探性地问她："是不是发生了什么事？可以跟我说说吗？也许我能帮你。"我话还未说完，她的眼泪便汹涌而出。她沉默了好一会儿，然后轻声地说："老师，我想我的妈妈了，我想知道为什么她不能和其他妈妈一样陪着我？"原来，在她上三年级的时候，她的父母就离异了，她一直和爸爸生活在一起。初中寄宿制学校的生活让她无比渴望得到妈妈的关心，然而远在广州工作的妈妈很难与她见上一面。在这个国庆期间，她妈妈回到了成都，可短暂的相聚之后，又不得不分别。昨晚，她又恰好听见其他同学和父母打电话，电话里时而传出的欢声笑语让她一下子就控制不住情绪了。

　　小章的一番倾诉让我的心里泛起了涟漪。我安慰她，说了很多关于妈妈如何关心她的事，还把我和她妈妈的聊天记录拿给她看，让她感受到妈妈对她浓浓的爱。我看她情绪稳定了，就让她先回教室上课。但我知道这件事并没有结束，解铃还须系铃人。于是，我拨通了她妈妈的电话，就事情的来龙去脉与她进行了沟通交流。作为母亲，她完全没有想到女儿会因为这件事而哭泣，更没有想到自己对女儿的忽略会造成这样大的影响。小章妈妈答应我会好好和孩子沟通这件事，并承诺不管再忙，每天都要抽空和女儿通个电话。为了进一步增进母女感情，我提议她把很多重要的日子过得有仪式感一些。比如，女儿的生日她可以提前准备个小礼物并邮寄给孩子；放寒暑假，她可以接孩子去广州玩，多陪陪孩子。在学校，我也有意对她多了些关照。班上的很多活动我都邀请她来参与组织。她画画很棒，所以班上的黑板报工作我就让她来安排；她跳舞也很好，运动会的入场式设计就是她的主场……在我和她妈妈的共同努力下，她的脸上渐渐有了笑容，性格也外向了很多，甚至敢与我进行眼神交流了。

　　正当我得意扬扬，以为孩子的问题被彻底解决了时，我接到了她爸爸的电话。他情绪激动地对我说："这个女儿我白养了！从她很小的时候，我就一个人带她，结果她现在口口声声说她妈妈好。今天我骂了她几句，她居然把门锁了起来，还要离家出走。"离异家庭中，带孩子的一方通常会付出更多，其中的艰辛是外人无法想象的。当然，管得越多错的也会越多。初中的孩子心智不够成熟，有时候口不择言，难免会伤了父母的心。因此，我告诉她爸爸："作为父母，这时候不能和孩子一样说气话。恰恰相反，我们应该保持冷静，要理性看待孩子想念妈妈这件事。孩子爱妈妈不代表不爱爸爸。女孩子在青春期，有很多事情不方便和爸爸讲。如果孩子能和妈妈关系亲密一些，这些问题就可以迎刃而解了。有了妈妈的参与，你反而轻松一些。你只是有点儿吃醋。"我半开玩笑地说。她爸爸不好意思地笑了。我接着说："等你们都消气了，再好好聊聊。孩子做得不对的地方要指出来，你做得不合适的地方也要敢于承认。"这场风波在彼此真诚的道歉中平息了。后来，我听她爸爸说，这是他第一次给孩子道歉，没想到刚给孩子说了对不起，小章就泣不成声了，所有不快也就烟消云散了。原来道歉的力量如此之大。

一晃眼一年过去了。新学期开学报名那天，我看见小章妈妈带着她来报名，原来她妈妈已经决定回成都工作了。初二不仅是孩子生理、心理发展的关键期，更是学习的关键期，异地生活总会有一些地方顾及不到。有了妈妈的陪伴和爸爸的理解，小章的性格变得更加自信开朗了。

班主任是家长和孩子之间的黏合剂。在处理亲子关系时，我们要在中间起着黏合、桥梁的作用，建立好情感纽带，拉近他们彼此之间关系。在这个过程中，班主任不仅是孩子的知心姐姐，也扮演着家庭矛盾的调解员，这更加让我意识到班主任角色的重要性。作为学习过心理学、教育学的专业人士，我们要用更加专业的教育理念来处理亲子关系，觉察情绪背后的关键症结，给家长和孩子提供切实可行的解决问题的方法和策略。另外，班主任要做到守正笃实，久久为功。教育绝非一蹴而就。作为教育工作者，我们不能只看重一时的学业成就，而忽略学生的身心健康。因此，我们要把培养身心健康、德智体美劳全面发展的人，作为教育的长期目标。对于有特殊情况的学生要持续关注，以持之以恒的定力、毅力托举学生的未来。

# ③ 左手孩子，右手家长

亲子关系是家庭教育中最重要的关系，也是家校共育成功的关键因素之一。家长对孩子的性格、品行有着最直接的影响。随着孩子的成长，亲子关系也会发生一系列的变化。在孩子12岁之前，大多数亲子关系属于绝对依赖型。在小学阶段，很多事都是家长在帮着做决策，孩子对父母有着较大的依赖性；到了中学阶段，特别是到了青春期，很多亲子关系转变成了对立型——孩子的自我意识开始逐渐显现出来，他们不再会完全听取家长的意见，甚至还会和家长对着干。如果班上的家长和孩子发生分歧，甚至闹矛盾，作为班主任，我们该怎么办呢？

第一，了解事情原委，做出冷静判断。很多时候，家长和孩子发生矛盾后，其中一方会向班主任寻求帮助。此时，我们首先要做一个耐心的倾听者，从交谈中了解矛盾产生的原因。不管哪一方有过错，我们都不能急于打断家长或孩子的倾诉，更不可轻易做出判断。我们要从一个旁观者的角度冷静分析，厘清矛盾产生的根源：分歧是认知层面造成的，还是客观存在、无法避免的；矛盾是属于临时性的冲突，还是长久理念不合造成的顽疾；等等。

一天晚上，大概10点过了，一位家长给我发了一条长长的微信，大意是说他和孩子最近的关系特别不好，每次交谈总会闹得不欢而散。他说孩子回家就开始做作业，做得特别快，不到半小时就完成了所有作业，然后孩子就开始弹吉他或上网查阅曲谱练习或写小说。他认为这是不思进取，总想着玩。他希望孩子能够自觉地做更多的练习题。此外，家长还表达了一层意思，他认为，只要是孩子的学习问题，老师就要全权负责到底，即使孩子在家里没有将全部的时间用于学习，也是老师的问题，是老师的教育教学水平欠佳的表现，而他自己没有一点儿责任。这番话让我很不舒服，但转念一想，家长对教师职业的误解是认知层面的问题，不是仅凭摆事实、讲道理就能改变的。此时，我意识到这恰好是一个达成共识的契机：通过解决孩子与家长的矛盾，从而赢得家长对教师工作的理解和认同。

第二天，当我第一眼看到孩子时，他满脸焦虑不安。我和他坐在班级走廊的椅子上聊了很久。作为家里的独生子，父母给予他很大的期望。父母希望他能够不断进取，最终考上市里一流的高中。但是他并不这样想，他觉得自己在学习上已经很努力了，并不想为了所谓的多几分而整天过得不开心。他喜欢弹吉他，喜欢编曲，梦想着今后能唱着自己写的歌，开一场属于自己的演唱会。从一个旁观者的角度来看，我觉得他说的也很有道理。家长觉得孩子还有提升空间，能够再拼一把，考上更好的高中，这无可厚非；而孩子觉得自己学习也还不错，想保住自己的爱好，将来在这方面有所成就，这也没有错。

看似公说公有理、婆说婆有理，那么矛盾点到底在哪里呢？我认为，关键在于对"自由支配时间"的安排。作业完成后的空余时间，是应该用来学习还是发展个人爱好，这成了这个家庭矛盾的关键所在。

第二，寻找最佳时机，助力亲子双赢。在处理亲子矛盾的时候，教师绝不可一味偏向任何一方，因为这样既不利于问题的解决，也不利于亲子关系的缓和。我们需要做的就是寻找并发现最佳切入时机，找到双方都能接受的平衡点。这就需要多从双方的角度出发，从长远的利益出发，争取达到双赢的局面。如果我依了家长的诉求，给孩子布置更多的作业，不仅违背了"双减"政策，也违背了教育规律。这样做不仅达不到提升学习成绩的效果，还会加重学生对学习的厌恶感。同样，如果我完全站在学生这一边，这样也可能会激化家庭矛盾。那我该如何做呢？

第二个月，轮到我们班负责升旗仪式。这位同学是我们班的文娱委员，于是，我找到他，希望他能选一首歌作为班歌，在升旗仪式后表演。这歌不仅要朗朗上口，而且还要能体现我们班的特点。说者无心，听者有意。又过了一周后的周二晚自习，大家正在给他过生日。也许是高兴，也许是谋划已久，他宣布了一个消息：他写了一首歌，如果大家不嫌弃，他愿意把这首歌送给班级作为班歌。他随口便哼唱起来，顿时，教室里欢呼雀跃，掌声不断。此时我想，这也许就是最好的突破口。第二天，我又与他聊了许久。我们谈到了父母给予他的期望，他表示认同，但对于放弃自己的爱好又有些不甘心。我说："要不这样，在不影响日常学习的情况下，你把这首班歌修改好。如果这首歌得到了全班同学的认同，我们就把它作为班歌在升旗仪式后唱给全年级的同学听，就当是你的演唱会了。要不你就知难而退，咱们先把更多的精力放在提升学习成绩上。"他点头说："好。"回答得挺干脆，眼神里却若有所思。

又过了两个星期，他果真把这首歌写好了，词曲都是他自己原创的。当他播放录制好的歌曲时，全班同学都震惊了。青春的旋律、朗朗上口的歌词，副歌部分更是唱出了所有初三学子的心声。教室里安静了几秒钟后便响起了雷鸣般的掌声。大家一致同意把这首歌作为班歌。之后，我们班用一周的小班会时间学会了这首歌，并在学校升旗仪式后倾情演唱。那一刻，我们收获了来自其他班同学和老师们的高度赞扬。我把班级演唱的视频发到了家长群，一时激起了千层浪。大家纷纷在群里留言，所有家长和老师都为他的才华疯狂点赞，他的家长的喜悦也早已溢于言表，不停地在群里答谢。

从那以后，我再也没有听家长说过孩子弹吉他耽误学习的事儿了，也再没看见过孩子焦虑不安的表情。而他的成绩也稳中有升，最后如愿考上心仪的高中。我想，这应该就是最和谐、最完美的双赢结局吧！

第三，诚心化解矛盾，尊重赢得信任。复盘这次亲子矛盾，我们不难发现，父母和孩子刚开始都只是站在自己的角度思考问题。为何孩子能够接受我的建议？那是因为创作班歌这件事对他来说就是一次很好的证明自己的机会。他有激情，有能力，更有动力，关键是他得到了足够的尊重。为何家长最终也认可了孩子？一是因为孩子在不耽误学习的情况下确实做出了一定的成绩；二是家长在班级群里得到了前所未有的赞誉，他看到了孩子的才华得到了大家的认可，这也有力地缓解了家长的担心与忧虑。作为班主任，我们要明白"堵不及疏"的道理。

无论是帮助家长，还是帮助学生，我们都要带着一颗爱心去。我们始终要明白，解决问题的核心是找准问题的根源。在尊重家长的同时，也尊重孩子，我们最终才能取得双方的信任，从而解决问题。

第四，转分歧为良机，化对立为共育。詹大年校长曾说："好的关系，才是好的教育。"这其实就是告诉我们，处理任何问题，首先就是要建立良好的关系。

左手是孩子，右手是家长。我们要做的就是帮助孩子和家长厘清矛盾的关键，引导他们从对方的角度思考问题，以最大的诚意与智慧去对待，才能得到最好的结果。

我们可以引导家长这样反思——作为家长，你是否采用了不科学的教育方法？如冷漠型教育，家长很少关注孩子的成长，缺乏深度陪伴；又如严厉型教育，家长控制欲很强，凡事都要孩子顺着自己的意愿，不自觉地就否定了孩子的一切；等等。这些做法都违背了孩子的成长规律，缺乏科学性，很容易让亲子关系陷入僵局。在成长的道路上，家长要学会理解孩子、尊重孩子，不能为满足自己的想法而绑架孩子的未来。对于子女的教育，家长要从物质层面上的满足，上升到情感层面上的理解，最终达到精神层面上的认同，真正帮助孩子塑造健康的人格。

我们可以引导孩子这样反思——你们尚未成年，心智也没有完全成熟，考虑问题往往不够周全，不知道背后可能隐藏的困难与危险。因此，怎样合理地向父母表达自己的想法尤为关键。当机遇和挑战摆在自己面前的时候，你们要学会竭尽全力地去把握，只有证明了自己的能力，才能赢得父母的肯定与理解。

最为重要的是，班主任要做一个有爱心、有智慧的班主任，要客观、科学地认识亲子之间的矛盾。发生矛盾其实是孩子生理、心理逐渐成熟的表现，也是孩子自我同一性发展的结果。他们渴望建立如同成人般清晰、稳定的自我意识，完成从孩童到成人的转变。当我们都明白了这一点，很多问题也就迎刃而解了。

# ④ 让学生认同自己，才能让教育发生

有人说："如果一个孩子生活在批评中，他就学会了谴责；如果一个孩子生活在鼓励中，他就学会了自信；如果一个孩子生活在认可中，他就学会了自爱。"小元就是一个例子。

初二上学期，我中途接手了一个班级，班上有个学生叫小元。他上课时经常找同学聊天，严重影响了其他同学听课。他还故意接话，做小动作，干扰老师上课，严重影响了课堂秩序。下课时，他胡乱打闹、脾气暴躁，与同学间经常闹矛盾。此外，他还沉迷上网，平时作业经常敷衍了事，成绩极不理想。最关键的是，他只听得进去表扬，只要受到批评就会情绪激动，或是与同学争吵，或是与老师争辩。对于老师、同学出现的小错误，他常常揪住不放，甚至幸灾乐祸。几乎每一天都有科任老师或者同学向我反映小元的问题。我也是屡次找他谈话，期望他在学校能遵守各项规章制度，以学习为重，学会自我调节与自我改善，努力成为一名合格的中学生。尽管我语重心长、苦口婆心，但我的谈话收效甚微。经过几次努力，小元只在口头上答应，行动上却毫无改进。

在我的数学课上，他也无视我的提醒，一直找别人讲话，不认真听讲。我走到他面前停留，故意提高声调，还轻敲了桌子以提醒他。但他对我的暗示无动于衷，仍然我行我素。我实在忍无可忍，于是大喝一声"小元"，并在全班同学面前批评了他。这下可好，他就像一个炮仗一样，在课堂上与我争辩不休。我知道这个时候与他争执不仅没什么结果，而且还会影响课堂效率。于是，我请他放学后来我办公室，现在先继续上课。放学后，我本打算找他好好沟通，但等了许久他都没有来。我到教室一看，他坐在座位上，跷着二郎腿，一副不屑的样子。我说："小元，能不能把腿放下？"他白了我一眼说："腿就是这么长的。"我被他呛得无言以对，这孩子对老师连起码的尊重都没有。无奈之下，我只好让他先回家，等他冷静下来再与其沟通。

后来，我向同学、其他科任教师及家长了解了小元的情况，知道他从小就缺少关爱，总想通过上课破坏课堂纪律的方式来引起老师和同学们的注意。有了更多的了解后，我对小元的行为也宽容了一些。但我多次找他谈话，效果都不是很理想。有一次路过操场，我看到小元正在驻足认真观看学校的舞龙舞狮队的训练，眼中满是羡慕。我心中一喜，装作不经意地问："小元，你想不想去舞龙舞狮队？听说正在招人呢！"他听了先是很高兴，不过很快就不自信起来："我可以吗？我表现这么不好，教练不会要我吧。"看到他如此想学舞龙舞狮，我当然乐意成人之美，何况这样的教育契机不容错过。我鼓励他说："不试试怎么知道呢？"第二天，我私下找到舞龙舞狮队的教练，希望教练能给小元一次机会。教练告诉我说小元之前提交过申请，但鉴于他平时的表现，教练便没有同意。我与教练详细交流了我的想法，希望他能够和我一起帮助小元。经过我的一番游说，教练同意了。于是，当小元找到教练，第二次提交申请时，教练便与小元约定：可以先进舞龙舞狮队训练，但只是临时队员。如果在校遵守纪律，就能留在队里成为正式队员，参加表演；如果表现不好的话，就退出训练。小元听完后欣喜若狂，不停地点头保证自己一定好好学习，决不惹是生非。果然，参加舞龙舞狮队后，他的学习、生活习惯发生了很大的转变。在训练中他非常刻苦，课堂上的表现也逐渐好转。我也时常找机会表扬、鼓励他，督促他学习更进一步。功夫不负有心人，现在小元的学习态度端正多了。在课堂上他偶尔还会开小差，但绝大部分时间都能认真听讲。他发言也较以往积极多了。他的作业也能及时完成，学习成绩也在稳步提高。不久前，他还代表学校参加了四川省的舞龙舞狮比赛并荣获了二等奖，为班级争了光，也为学校争了光。

小元身上发生的积极变化，让我对班主任工作也有了新的认识。教师要把学生看作有思想、有潜力且不断发展的独立个体。没有谁生来就是一块无法雕琢的顽石。在每个人的内心深处，都有一块最柔软的地方。只要我们能够打开学生心灵的窗户，便能够看到学生的改变与进步。作为班主任，我们需要发掘学生的闪光点，帮助学生重塑信心，认同自己。为此，教师要全面深入了解学生。在不了解学生之前，我们不能随意给学生贴标签。当真正深入了解学生以后，我们会惊喜地发现他们身上有很多闪光点。接下来，教师要将学生的闪光点放大，鼓励并帮助学生将自己的优势展现出来。在此过程中，教师要持续关注学生的变化，不断给予他们鼓励和帮助，直至他们完全认同自己，完全找到自信。

每一位学生都值得被看见，也应该被看见。每一位学生都有他的优点。作为教师，我们要去发现并放大学生的优点，让它们成为推动学生不断成长的动力。

教师对学生的爱、理解、包容、尊重和鼓励，犹如春风化雨，润物无声，能诱发学生的内省，净化学生的心灵，让学生鼓起勇气，扬起理想的风帆，驶向胜利的彼岸。在实际工作中，我深刻体会到，作为一名新时代的教师，要具备敏锐的眼光和积极的思考，并能针对时代的特点，探索科学有效的教育方法，打开每个学生的心扉，与他们共同进步、共同成长。

自我认同是教育的敲门砖。当一个孩子渴望成长，追求进步时，教育不就发生了吗？

# ⟨5⟩ 为青春筑梦，为成长助力

我所在的学校是一所农村学校，孩子们单纯活泼，但在学习上有时却缺乏主动性和自信心。

那一年秋天，我接了一个新的班级，心中满是对遇到极其重视孩子教育的家长的期待，窃喜并充满希望。可还没等我见到孩子们，小道消息就传入我的耳中：这个班级的生源状况堪忧……连教导主任也委婉地说七班的"尾巴"比其他班长。

开学当天，几个学生一拥而上，问我说："老师，我们班是最差的班吗？你看，这些同学都是小学时的最后几名。"同学们说得有理有据，相当笃定，而我目光闪烁，却不得不故作镇定地说："孩子们，虽然我还不够了解你们，但你们看看我们班的师资团队，你们会相信这种谣言吗？"直到入学定时练习结束，果不其然，我们班的成绩比其他班差不少。这时，我才仿佛认清了现实，心里有些失望。但此时打退堂鼓为时已晚。记得张文质老师在《生命化教育的责任与梦想》一书中写道："心中坚守的唯有教育的本分，对教育的承诺，对教育的热爱、激情，以及对自己的一份期许。这被教育所召唤的心理的东西，是什么力量也不能摧毁的。" 我心里猛然一惊，被分数蒙蔽的内心重新被唤醒。于是我给七班命名为"聚梦七班"，并暗示自己：这个"梦"我已经织下，作为班主任，我一定要带着这群学生圆梦。

可我如何才能带好这批学生？如何有针对性地开展工作？如何团结班科老师齐心协力？……无数个"如何"围绕着我，让我感到束手无策，彷徨不前。罗杰斯曾说："每一个学生就像玫瑰花蕾，有不同的花期。最后开的花，与最早开的花一样美丽。" 她曾经也面临过与我相似的处境，我思考着，眼前仿佛奇妙地绽放了娇艳的玫瑰，一朵接着一朵，芬芳弥漫。我不应该惶惑，我不是也在经营着我自己的玫瑰园吗？也许这48朵玫瑰开得比较晚，但一样会很美丽。

首先，我打算从直接影响我们的环境开展工作。教育要重视环境，因为好的环境对学生的成长确实有着不可低估的影响作用。"孟母三迁"的故事就深刻说明了这一点：环境可以塑造人，也可以改变人。孩子们在校的学习环境包括校园环境和教室环境，而教室更是学生学习的主要场所。因此，创造一个积极向上的班级环境便成了我工作开展的第一步。教室是孩子们朝夕相伴的另一个家。苏霍姆林斯基说："无论是种植花草树木，还是悬挂图片标语，或是利用墙报，我们都将从审美的高度深入规划，以便挖掘其潜移默化的育人功能，并最终连学校的墙壁也说话了。"因此，在进行教室的环境布置时，我们以营造简洁、清爽、美丽的教室环境为目标，希望能陶冶情操，使孩子们在这样温馨的环境中快乐学习、快乐成长。班级的布置设计、文化建设都围绕一个大的主题——"爱与成长"。每一个板块都会随着时间的推移不断变化，而这些变化，都记录着孩子们的成长。无论是颜值还是内涵，教室环境布置都凝聚了孩子们的智慧，从而创造出我们班级独有的风格与特色，使孩子们能够时时刻刻浸润于润物细无声的养成教育之中。

其次，我开展了以"成长"为主题的系列班会课。教室里最有特色的一处是"我爱我家之立体植物墙"。遇水即活的绿萝是主角，有的土培、有的水养，长得都很好。以此为素材，我提前让同学们观察它，并搜集、查阅相关资料，筹备了"感恩与生命"系列主题班会。班会后，同学们个个眼里都闪着光。绿萝顽强的生命力给同学们带来了心灵上的震撼，让他们懂得了平凡的绿萝也可以执着地向下扎根，向上生长。这就是决不放弃、永不妥协的精神。在任何环境下，小小的绿萝都具备强大的适应力和生存能力并永远努力向上，像极了勇敢面对困难的我们。我告诉孩子们，你们绝不是最差的，我们只是正在向上攀登，就像绿萝一样。成长肯定会带来阵痛，这个过程会比较辛苦。但当我们到达了山顶，你的视野、你的胸襟也会因此变得开阔、博大。

最后，我根据孩子们的特点为他们量身定制了在班级里的工作，并定期或不定期地为他们发"工资"。班上的孩子大部分是学习上有困难的孩子。每天的学习既让他们感到疲劳，又令他们感到痛苦。孩子们常常将多余的能量转化成令老师头疼的违纪行为。除草最好的办法是种上庄稼。因此，我必须为孩子们提供能够释放能量的活动。如果能找到一种既能释放他们的能量，又能发挥他们学习潜能的方法，岂不是两全其美？我们班没有班干部，只有各种各样的"担当"，比如花草担当、开关担当、黑板担当等，这些都是明确的分工，每个人都有具体的职责。在这样的集体中，每个人都必须担当点什么，而且一旦担当了，就必须负责到底。我用这种简单而有效的方式，以班级为单位，成立了各种小组，人人参与、人人担当，定期评价，正向激励，实现班级自主管理。

我通过环境布置，让环境影响学生；通过一系列班会课程，带领学生树立目标，让目标激励学生；通过班级自治，培养学生的责任意识，让责任引领学生。就这样，学生的内生力一步一步被激发出来，终让梦想之花绽放。

现在，班上的48个孩子人人有事可做，班级的每一件事也都能确保事事有人负责。同学们开始慢慢地相信自己是有用之才，每天的作业都能按时上交了，早中晚也不再迟到、早退了。自习课上，他们也能安静、专注、高效地完成作业了。连班上发生了问题，班委和值周班委也能及时有效地解决问题了。渐渐地，家长们也发生了变化，家长会出勤率达到了百分之百。越来越多的家长学会了如何正确地爱孩子，亲子关系也逐渐变得融洽了。

每一个孩子都是独一无二的花朵。作为老师，特别是班主任，我们应该悦纳孩子的不同，用积极的心态去包容他们的不完美，陪伴他们感受成长带来的希望以及自我内心的愉悦。我们应给予他们正面的引导并鼓励他们自主地融入班级中，逐渐成长为一个自信的人，同时，还要与家长们保持良好的沟通。此外，老师的关爱也很重要。一个关爱的眼神、一句信任的鼓励，都可以成为教育的契机。

# ⑥ 计算小迷糊的"拯救"计划

学习初中数学，什么能力最重要？在众多能力中非要选出一个，那必然是计算能力。在智力水平相当的情况下，计算能力的强弱会拉开学生之间的差距。今年，我班上就有一个急需提高计算能力的小迷糊。在"拯救"她的过程中，我们慢慢地建立了深厚的"战斗友谊"。

她是一个多才多艺的小女孩，同时也是我们班的舞蹈担当。每次学校的大型活动都必然有她的身影。扇子舞、民族舞、拉丁舞，她样样擅长。在舞台上，她就是一个闪闪发光的女孩，熠熠生辉。而在英语课堂上，她又化身为英语口语小达人。全英文对话、拼写背诵，她样样精通，仿佛又是个天生的外交官。这样的女孩子，多让人喜爱，多令人羡慕。但是，这个小女孩却在学习数学的过程中遇到了一些困难。对于初一上学期最基础、最重要的计算能力，她却比较欠缺。在数学课上，她的眼神总是闪躲，害怕被点名回答问题；在改错的时候，她总是小心翼翼，特别怕其他同学发现数学是她的薄弱科目。在数学的世界里，她仿佛变成了一颗没有光亮的星星，无法自我发光，更无法照亮他人。作为她的数学老师和班主任，我深感焦虑。我担心她会对数学失去信心，心中的数学火焰会逐渐熄灭，从而导致偏科。因此，我盘算着如何才能帮助她。

她也意识到了自己需要全面发展。在一个温暖的午后，她来办公室找到我，羞涩地说："老师，我数学计算总是做不对。我想要提高数学计算能力，提高数学成绩，你能帮帮我吗？"看到她能主动来寻求帮助，我特别高兴。我们进行了推心置腹的交流。首先，她跟我说了她小学数学就不是很好，很多题都理解不了题意，害怕考试，害怕数学老师，感觉自己很笨。于是，我问了她一个问题："你今天主动来找我，你不怕我吗？"她回答道："我也怕，我担心你也觉得我笨，觉得我是个数学小迷糊。"我笑意盈盈地说："怎么会？你是个冰雪聪明的小姑娘，只是暂时在计算方面有些欠缺而已。延时课后，我们一起制定数学计算提升计划。"她见我跟她开起了玩笑，也放松些了。这场交谈在欢声笑语中结束了。

接下来，这个小迷糊马上就开始按照计划执行了。第一，重新掌握已经学过的数学计算法则，烂熟于心，包括混合运算、四则运算、绝对值计算等基本计算知识。第二，每天放学后都完成三道数学计算题，题目难度由易到难。在计算过程中，我要求她要严格遵循运算法则，规范运算步骤，明晰算理，避免因粗心导致计算错误。在她妈妈的帮助下，她每天自己批改，然后拍照发给我查看。我则每天肯定、表扬她的努力与付出，慢慢地帮助她建立自信。第三，在学校，我要求她做到定时训练，面批面改。通过每天的耐心引导，我不断地发现并肯定她的进步，在同学面前给足她面子，逐渐培养她对数学学习的兴趣。

功夫不负有心人。在半期测评中，她的计算题只错了一个，与之前只能对一个的情况形成了鲜明的对比。她妈妈发来消息，对我表示了感谢。她妈妈跟我说："孩子不仅计算进步了，更重要的是，我们看到了她不再害怕数学了。在课后，她也愿意在数学上花功夫了。"慢慢地，数学小迷糊渐渐不再迷糊、不再迷茫，而是对自己的数学充满信心，对自己的未来也充满希望。

教育，"教"很重要，"育"更重要。我们不仅要教会学生学科知识、技能与方法，更要注重培养学生解决问题的能力，以及面对困难勇往直前的精神与乐观积极的心态。通过这些努力，我们可以进一步提升学生的学科素养。只有这样，我们才能在教育这条道路上走得更好，走得更稳。

# 第二章
# 管理慧心，共同成长

捧着一颗心来，做一个有慧心的班主任。

班主任工作是一门繁杂的艺术工作，事无巨细，千头万绪。如何才能解开班主任工作千头万绪的结？组织好班级管理就是一个很好的方法。

好的班级管理，能够激发学生的内生动力，使学生从被动参与变为主动成长。

好的班级管理，能够调动学生的主动性和积极性，使学生无须过多地唠叨和叮嘱，便能成为学习和生活的主人。

好的班级管理，能够增强学生的责任心，使学生从教师管理变为自我监督。

好的班级管理，能够使学生身心愉快，促使学生积极、轻松、激情饱满地投入学习和生活当中。

好的班级管理，能够培养学生健全的人格，促进学生间的交往与合作，促进学生个人能力的发展。

好的班级管理，能够促进班集体的建设，形成有共同目标、有组织核心、有正确舆论风气、有高昂士气的共同体。

总而言之，好的班级管理为良好班集体的形成提供了营养和沃土，而良好班集体则是学生成长的摇篮。为此，我们精心编撰了十篇班级管理案例，包括班级管理策略，班委干部的选定、培养，小组建设合作学习，后进班级如何管理，班会总结等。我们希望通过这些案例分享，能够为广大班主任提供实用的参考与启示，共同促进班级管理的优化和学生全面发展的实现。

# ① 为初中教师的班级管理开出良方

初中时期是学生健康成长的关键时期，班主任是学生这一时期重要的教育者和引导者。对于刚走出大学校园、进入中学校园的新教师而言，如何快速提升专业素养及班级管理效能，做好处于敏感、叛逆期的初中生的管理工作，是当前亟须解决的问题。学生不仅是学习的主体，也是班主任进行班级管理的主体。初中生正处于身心快速发展的关键时期，他们在高度依赖父母和老师的同时又急于展示独立和自我，因此他们的内心充满了矛盾。身心的不同步发展造成了初中生的叛逆，他们有时情绪不稳定，常以自我为中心，易冲动等。因此，对于初中生的管理更要讲究技巧和艺术。那么有没有快速提升班级管理效能的有效方法呢？作为新老师，我从以下几个方面进行了尝试。

## 一、开展班级管理工作的策略

### （一）注重班级文化建设，营造良好班级氛围

班级文化是班级管理中的重要组成部分，良好的班级文化和班级氛围对学生的身心健康发展有着重要意义。班级文化的建设要坚持以学生为中心，班主任可以和学生一起拟定班规、班级口号，设计象征班级的班徽，创作班歌，然后通过日常的学习生活不断渗透班级文化，以此提升班级凝聚力。此外，班级文化的建设还需着眼于开阔学生视野、增长学生见识、提升学生素养。比如班主任可以组织学生一起建设班级图书角，书籍种类涵盖哲学、社会科学以及自然科学，还应鼓励学生将自己认为有价值、有意义的书籍带到学校，和其他同学一起交流、分享，以期在班级内形成良好的阅读氛围，促进良好班级文化的建设。班级文化活动是调节班级氛围的重要手段，因此班主任可以积极开展不同形式的班级文化活动来提升班级文化，比如画黑板报、办手抄报、写小作文、进行诗歌朗诵、举办

歌唱比赛、进行英语演讲等。同时，结合班级的实际情况不定期地开展主题班会也是非常必要的，这不仅能为学生营造和谐融洽的班级氛围，还能为班级管理工作的顺利开展夯实基础。

### （二）建立民主管理机制，尊重学生个体差异

作为班级管理的主体，参与班级管理是每位学生义不容辞的责任。为了让民主管理真正落到实处，并且让每位学生不仅能进入班级管理的角色中，还能在不断的实践中形成自我管理意识，班主任需要从多个方面做出思考和规划，统筹安排并合理分配班级管理任务。虽然班级中的每一位学生都接受着相同的教育活动，但每位学生又都是独立的个体，在个人能力、个人发展上存在或多或少的差异。因此，班主任在建立民主管理制度前，不仅要充分了解学生的想法，还要善于挖掘学生的潜力，帮助学生对自己的优势形成正确认识。在建立民主管理制度时，班主任要避免用统一的标准去衡量每一个学生，要充分尊重学生的个体差异，以免学生的个性发展受到影响。

### （三）加强班委能力培养，弱化教师管理力度

初中班主任不仅要专心教学工作，还要时刻处理繁杂的班级事务，难免会出现心有余而力不足的情况。班主任想更好地对班级进行管理，仅仅依靠自己的力量肯定是不够的，此时班委的培养就显得尤为重要。班主任在选拔班委时，要避免"一言堂"，可以由学生自荐或是民主投票，务必保证选拔的公平性和公开性；班主任也可以根据实际考察情况选择有能力、有责任心的人担任班委，以便其更好地为同学们服务。班主任选拔出班委后，要敢于放手，弱化"班主任——唯一管理员"的角色，给他们提供足够的时间和空间，让其充分发挥班级管理员的作用，比如，实行班委的轮岗值周制度，由每位班委轮流值周。值周班委不仅要协助班主任组织、安排班级的各项事务，还要在班会时间做每日总结，对当天同学的表现做出评价，对班级中有待改进的地方提出具体的整改意见和建议（提倡与其他班委共同商议解决方案）。这样做的目的是在班级中形成人人有事做、事事有人管的局面。班委在对班级进行管理时，必然会出现一些问题，班主任在

前期需要进行暗中观察，然后根据实际情况对个别班委进行适当的点拨和指导，帮助班委及时解决班级管理中遇到的困难，并纠正其在班级管理活动中存在的问题，这样才有利于班委在组织、沟通、管理方面的快速成长，进而为提高班级管理的效率做准备。

## 二、提升班级管理效能的方法

### （一）重视班级德育实践，促进管理的有效性

德育既是学校工作的核心，也是班级管理工作的灵魂，更是提高学生核心素养的关键。要在班级管理中通过制定符合班级实际的德育目标，对学生进行行为规范和情感培养，从而促进班级管理的有效实施和学生的全面发展。

#### 1. 立规矩

对于刚走进中学校园的初中生来说，他们的学习习惯、生活习惯都还处于过渡适应的阶段。为了让学生尽快适应初中的学习生活，班主任可以引导学生学习《中学生行为规范》和《中学生行为准则》。由于初中生在规范自身行为和养成良好习惯方面的能力尚不完善，班主任可以在学生学习完《中学生行为规范》和《中学生行为准则》后根据班级实际情况，制定明确的班级管理制度，用严格的制度去约束学生的行为。需要注意的是，班主任在制定班级管理制度时务必明确哪些行为可为、哪些不可为，以帮助学生树立正确的行为规范意识；在实施班级管理制度时注意赏罚分明、一视同仁，让公正民主的管理理念深入人心，为学生树立正确的思想观念，为培育其良好的道德修养奠定基础。

#### 2. 树典型

著名教育家陶行知曾说："学高为师，身正为范。"在学校，学生的向师性使得老师的身份变得特殊，而其中最特殊的就是班主任。班主任作为学生个人行为、道德品质的引领者和示范者，一言一行时刻都被学生关注着。这就需要班主任在日常学习生活中以身作则，凡是要求学生做到的事情自己必须先做到。比如，班主任上课不迟到早退，对于学生来说就是无声的教育，学生就能够准时上

课，不迟到早退。班主任在平时的学习生活中应主动关心学生，用爱心和耐心为学生的学习生活排忧解难；同时，学生也会在班主任的影响下养成有爱心、有耐心的好品质。班主任用良好的精神风貌和道德品质影响学生，就是为班级德育工作的顺利开展蓄力。当然，德育工作的开展不应只是班主任传授德育知识或是以身作则，更重要的是学生的参与。这就需要班主任在充分了解学生的基础上，及时对学生的道德行为进行鼓励和肯定；同时，可以通过班级光荣榜来表扬品德优异的学生，让学生的"亮点"在学生间快速形成相互认可的效应，进而在班级管理过程中形成相互学习、相互促进的积极氛围。

### 3. 重评价

评价不仅是教学活动的重要手段，也是班级管理过程中不可忽视的重要内容。初中阶段的班主任要注意到，当下的学生受限于年龄和阅历，在学习生活中难免会有一些自己无法发现的问题。因此，在进行班级管理时，班主任需要重视评价体系构建的多样性，评价的方式可以从自评、互评和师评三个方面展开。在班级管理的评价过程中，班主任要避免因评价覆盖性不足导致学生存在的问题无法有效解决的情况。这就要求班主任对每位学生的评价要深入，并且评价一定要客观公正，做到有错必纠、有优必扬。当然，除从老师的角度对学生进行评价外，还需要有学生的互评，这样才能让学生更加全面地了解到自己在同学眼中的真实情况，从而让学生能够在更加深刻的反思中得到成长。

### （二）落实班级常规检查，深化班级管理的整体性

在班级德育工作开展的过程中，落实班级的常规检查是班主任必须要重视的事情。众所周知的木桶原理其实在班级管理中同样体现得淋漓尽致。一个班级的优秀并不是由少数学生的优秀促成的，而是靠班上的每一个学生共同成就。如果想要提高班级的整体素质，班主任就必须在班级管理实施的过程中关注全体学生，要将班级常规检查渗透到每一位学生的学习生活中。

在学校，班主任的基本任务是按学生德、智、体、美、劳全面发展的要求开展班级工作，使学生成为有理想、有道德、有文化、守纪律，拥有健康体魄的社

会主义合格建设者和接班人。为了使班级常规检查科学合理，班主任在实际开展常规检查时，需要确保常规检查在已经建立的民主管理机制的基础上进行，采取主管放次的模式。班主任不用事事冲在前头，只需要将检查事项授权给班委，由班长督促相关职位的班委去落实检查。检查完成之后一定要及时公布检查结果：对检查中做得好的要给予肯定和鼓励；若检查中有不符合要求的，应采取倒查机制，即"谁出问题谁负责"，以此强化学生的集体意识和主人翁意识。落实班级常规检查不仅能有效加强每一位学生的日常行为规范，还能促进班级管理效率的提升。

### （三）创新家校合作模式，提升管理的多样性

对于成长过程中的初中生而言，学校、家庭、社会的教育是缺一不可的。在传统的班级管理中，家长虽然有一定参与学生成长管理的意识，但是过于依赖教师，缺乏独立的教育思考，使得家校合作成为班主任的单向教育建议，家校合作浮于表面形式，不能从根本上帮助学生健康成长。随着教育管理模式的不断革新和完善，真正的家校合作是实现开放管理的趋势和需求。

在信息技术高速发展的背景下，班主任可以充分利用信息技术构建互助式的家校合作体系，基于微信、小程序等方式搭建家校沟通平台，便于班主任在班级管理过程中做出更实效的决策。

家校合作的潜力是无限的。对于初中班主任而言，如何最大化地搞好家校合作，已是新时期班主任的必修课。班主任要学会从家长丰富的阅历和中肯的建议中整合出提升班级管理效率的方法，灵活调整现有的班级管理机制，争取让家长积极主动地参与到班级管理中，为班主任的班级管理工作给予更多的帮助和支持。班主任可以根据班级学生家长的实际情况开展一些活动，比如邀请家长参加家庭教育分享会，鼓励教育能力突出的家长分享经验；设立家长开放日，鼓励家长走进教室，在参与教育管理的同时也增进了亲子关系。

班级管理工作有章法无定法。面对正处于青春期的初中生，班主任想要更好地开展班级管理工作，可以从如何建设班级文化、营造良好的班级氛围，怎样建

立民主管理机制、关注学生的个体差异，如何培养班委能力、弱化教师的管理力度等方面去推进班级管理工作；同时，在实施班级管理时要充分发挥班级德育实践、班级常规检查落实以及家校合作创新在提升班级管理效能中的重要作用，为保证班主任工作的顺利开展提供更完备的条件。

# ② 班级管理要"有理、有据、有节"

好的教育不应该只重视文化成绩，更要着重培养学生正确的价值观和人生观。在教育教学中，我引用"有理、有据、有节"三个词来阐述自己在初中教育教学中如何引领学生有效管理班级，并快速形成良好的学习氛围。

"有理、有据、有节"是毛泽东在抗日战争时期提出的中国共产党在抗日统一战线中应坚持的策略方针。大意是：这样说或做是有理由、有根据的，而且说或做是有节制的，不会过分，不会以理压人。教育的使命是传授知识以及培养能力，教师的责任是让学生养成良好的学习习惯、培养科学的思维和态度、了解个人的意义及责任、明确生存的意义及理想等。有了以上的目标和追求，就需要班主任从班级管理开始思考，引导学生切实有效地达成目标。

## 一、依"理"——着眼长远

"一年之计在于春。"一个班级的良性发展，也非常看重建班的起始周。教师可以通过新生报到、军训等班级活动来了解学生。

新班级建立之初，老师对学生的性格、责任心、管理能力等各方面都不太了解。而这几方面又恰恰非常关键，对班主任后期的管理工作有非常大的影响。所以了解他们是当务之急。为了尽快完成这项工作，教师可以从最了解他们的家长入手。例如，开学第一周，我让每一位家长都写了一封标题为《家长给班主任的一封信》的信。信中，家长们不约而同地介绍了自己孩子在小学的学习情况，以及在班级中充当了什么角色，这给了我很多参考。同时，我通过观察军训期间的队列训练以及与学生进行丰富的交流，尽可能地了解学生的大致情况。比如，哪些孩子比较活泼或沉稳，哪些孩子比较懒惰或勤快，哪些孩子有组织领导能力。对于有主动服务班级意识的同学，可以适当分配任务给他们。比如第一次教室的清洁卫生工作、新书的认领与发放等。我还让每一位同学在第一周的班会课上用自己的方式进行个性化自我介绍。等所有准备工作已经铺垫好，我便开始向全班介绍班委设置情况，说明人数、选拔原则、工作内容，以及设置的原因。比如定点定人管理细则如下。

（1）灯与电扇管理员：负责确保人走灯关，人走风扇关。

（2）黑板与讲桌管理员：负责课间黑板和讲桌的整理保洁。

（3）窗台清洁管理员：负责早上、中午、晚上分三次擦拭窗台。

（4）清洁间管理员：负责早上、中午、晚上分三次整理清洁间，要求地面干净、物品摆放整齐。

（5）书包柜管理员：负责每天擦拭书包柜上的灰尘，整理柜上物品，使之有序并整齐摆放。

（6）课桌椅管理员：负责大课间、中午、晚上放学之后清查桌面。

为了公平、公正，我要求有意向主动服务班级的同学完成一张包含自己的兴趣爱好、家庭情况等内容的自荐海报，并要求他们于第二周在班级展示汇报。同时，我也在家长群里告知家长这一安排，并向家长说明了原因，提倡家长协助孩子完成海报的制作。在学生自荐的过程中，通过观察学生的表达、表现，我就能够判断出哪些孩子比较自信、有担当、性格外向、责任心强。

同学们精心制作的海报将被布置在班级板报墙上，根据他们的意愿，通过班级的选拔和班主任调整，保证每一个岗位都有同学负责，每一位同学都有相应的岗位。对于班内重要的班委，则安排公开演讲竞选，最后投票决定。整个过程耗时较长，对于重要岗位的班委启用，我必须做到慎重，在全面了解学生之后，才可以做出决定。因此经过一个月的时间，最终产生了班长等重要班委。

## 二、凭"据"——取其长，谅其短

班级管理的对象是学生，发挥学生的主动性尤其重要。记得曾经风靡全国的小组合作学习模式，对整个教育界产生了深远的影响。合作共享学习的目的是让每一个学生主动参与，让学生在互助学习中树立信心、提升能力，最后养成良好的习惯。小组合作学习模式不仅在教学中能发挥作用，在日常的班级管理中也是非常有必要的。有了开学第一个月相互了解的基础，接下来，我便根据学生的特点，以有计划、有组织，再协调、再控制的方式进行第一次小组分配。以下是进行分组的具体措施。

首先确定分组原则：人人有分工，事事有人管。班级人数45人，所以将其分为9个小组，再根据实际情况将每组调为5人围坐，选1人任组长。组长的组织活动大致可以分为三类：一是控制性行为，包括分工、约束、督促等；二是协调性行为，包括协调、疏通、解决争端等；三是建构性行为，包括组织讨论、分析，汇总小组意见等。

在小组中，常常是通过角色和资源的分配来明确每个小组成员的责任，使他们相互依赖。比如组长可以安排讲解员、稽查员、记录员、检查员和评价员等（根据各组的要求命名）。在班级管理中，小组成员的分工大致如下。

检查员：检查学案、作业是否完成，课前准备是否做好，课桌书柜是否整洁等。

记录员：记载小组成员的课堂参与度、收交作业及作业完成情况等。

稽查员：督导本组学生早读、课堂听讲、清洁卫生、自习有序等。

评价员：对本组同学的上课和自习表现进行评价，对各科单元测试的结果进行评价。

接下来，我将从一天的各个时间段，详细说明小组的责任。

首先谈谈早读。"一日之计在于晨。"学生在早自习正式开始前提前到达教室，自觉或在科代表的带领下朗读。从学生进入教室到老师进入教室这一时间段就需要组员的相互督促，同时还需要一位关键的领读员。领读员的选拔与责任也非常明确，要求进班较早，并且富有责任心；领读员要提前一天从老师处了解第二天朗读的内容；领读员提醒学生拿出课本，并翻到相应的内容或者直接将朗读的内容写在黑板上；朗读开始时，领读员在前面大声领读；在朗读的过程中，领读员可以不断在教室中间进行巡查并提醒未认真读书的同学，同时将认真读书的同学的姓名或学号写在黑板上进行表扬，或者加操行分进行鼓励。需要说明的是，在"早到先读"的前期，需要班主任进班协助管理，培养好领读员，并提前告知全班"早到先读"的相关要求：人坐直，双手将书竖直立好，精神饱满，声音洪亮。

其次是课前准备，由检查员提醒学生做好课前准备，即准备好下一节课需要的相关学习资料和用具，严禁在预备铃声响起后才从书包柜或书包里拿出学习资料，并要求学生安静候课。当预备铃声响起时，所有学生及时回归座位，值日班长起立并开始倒计时；倒计时结束，所有学生应做好候课准备，学习资料整齐地放在课桌左上角。待上课教师进教室，值日班长发出指令"起立"，然后开始正式上课。

对于午间10分钟的管理，一般情况由班主任布置当天的事务性安排，并总结学生当天的表现情况。同时由学生（最好是值日班长）来总结班级的相关问题，并隔周进行小组才艺展示，增强凝聚力。

最后是清洁安排。清洁委员安排小组顺序，由各小组组长对照学校检查标准逐一检查清洁的结果，如有问题要及时提醒组员整改，或参与帮助一起完成。每组同学负责一周的清洁工作。值得注意的是，刚开学时班主任一定要教学生做清洁。

### 三、论"节"——审其害，计其利

俗话说："不以规矩，不能成方圆。"它强调做任何事都要有一定的规矩、规则和方法，否则难以成功。有了以上具体举措后，剩下的就是和学生共同制定班级规章制度。为了让班级日常工作有序展开，需要规章制度的约束，让班委的工作有章可循，同时也能够培养学生良好的行为习惯，在潜移默化之下形成具有班级特色的良好氛围。通过小组评价，让每一位同学都能以身作则去引领他人，同时也有被约束的作用。当然，制定班规之后，还需要针对性地制定班级目标、小组目标以及个人学期目标，使这些目标融为一体，形成目标体系，这样才会让班级的凝聚力更强。

初中阶段的班级管理对学生后期的发展有极为重要的作用。班主任要想进行班级管理，以促进学生全面发展，就要更新观念，准确把握各阶段的教育资源和条件，通过有机整合来制定适当的班级制度，建立一支有威信和能力的班委队伍，并组合多支既相互依赖又相互竞争的小组。坚持下去，一个良好的班级氛围就会形成。在平时的教学与管理中，只要细心观察、了解学生，耐心倾听，相信每位班主任都会成为学生的良师益友，帮助学生了解自我、实现提高，从而促进初中生综合素质的全面发展。

# ③ 班级小组建设里的大学问

一天中午，语文听写本发下去以后，就听见我们班的杨同学大声对着组内另一个女生调侃道："看看，我们组一共4个人，其中3个人听写优秀。你咋还带不起来哟！"听到后，我打趣地说："杨同学，你说人家带不起来，你这次数学可没比过她哈！"杨同学又说："老师，别说了。张同学这回数学只比我低1分，教不得，再教下去她要超过我了！"

一来一去间，他的话语让我想到了开学前分小组的初衷。通过小组建设，这学期我在班级管理上取得了一些小成绩，同时也对班级建设的认知路径有了一定的思考和总结。

## 一、考量性别、性格，架构分组基础

我们班目前经历了两次小组调整。开学之初，学生自行选择座位，男女生自然而然地划开了界线，可结果，小组间总是叽叽喳喳，班级纪律也不太好。因此，在开学半个月后，我进行了第一次调整。这一次的调整相对简单，我根据男女生的性别，交叉安排座位。这样一来，由于性别不同，同桌之间会刻意保持距离，话少了，班级的纪律也慢慢好转。最重要的是，男女交叉分坐，能够让他们更快地熟悉班上的其他同学，而不是一味地只跟自己熟悉的同学玩。

然而，临近学期期末，我发现班级又开始躁动起来。课下，我走到过道里、走进班级里去观察。我发现，第一次分组，我只兼顾到了男女均衡，单纯以性别判断性格，这样的分组依据并不全面。

因此，在初一下学期开学前，我又在性别的基础上加入了性格考量。我组建了四人小组，两男两女，并基本维持两个内向斯文的孩子和两个外向的孩子

在一个组。半个月下来，我又细细观察了一下，这样的组合，确实降低了小组内讲话的频率。

## 二、整体班级学情是分组依据

组内成员性别与性格的均衡，为班级的纪律提供了保障，但却无法推动班级学业的提升。我们班有部分学生虽有天赋但不努力；也有一部分学生虽然努力但思维能力欠缺；还有部分学生比较懒惰，缺乏自信和自觉性。

鉴于以上情况，我按照学生的综合能力将我们班的学生分成A、B、C三个层次，并将三个层次中的学生分别分配到11个小组中，同时保证每个小组中一定有两个A层学生、一个B层学生、一个C层学生。两个A层学生之间竞争学习，带着B层学生、C层学生赶超学习，以此来实现小组的整体进步。

但是，层次之间其实也有一定的差异。例如，黄同学的思维能力出众，但学习不踏实；李同学的逻辑思维能力较弱，却是努力学习的典范。两人成绩看起来相仿，实则学习态度和方法全然不同。因此，这两个同学就可以被分在同一个小组的A层；黄同学看着李同学努力学，自身会有紧迫感；李同学又能在思维遇到障碍时及时找到"黄老师"解惑。再如，我之前提及的杨同学和张同学，杨同学是A层、张同学是B层。上学期期末，数学老师告诉我，张同学的数学成绩有了很大的提高，就是因为杨同学利用课余时间给她讲题。他们愿意主动地帮扶学。于是，这学期我把这两位同学放在了一起，果然张同学的进步更大了，甚至都要超过他的"小老师"杨同学了。但是也有一些特殊的孩子，例如我们班赵同学，一学期以来他在班上一直保持"高冷人设"。为让他融入班集体，我选择了一个班上特别热情且话较多的学生和他一组。

分组时，既要兼顾班级的整体学情，又要考虑个别学生的情况。

## 三、组间操行竞评促进小组发展

从上学期第一学月后，操行考评就成为班级的重要约束力。我们班每两周进行一次操行汇总，内容包括值日班长在班务日记上的记录、纪律委员的操行记录及语数外课代表的作业记录等。

操行分由纪律委员进行汇总统计，在周一班会课上进行公布。公布的内容包括个人操行总分、小组操行总分、小组操行排名以及个人操行前十名的名单。同时，个人操行分靠前的同学能够参与刮刮乐抽奖。因此，每个小组的同学都会自发地督促组员进行改错，也会在课上主动提醒组员遵守课堂纪律。

除具体的操行分约束外，我们班这学期还优化了操行分登记表。上学期，我参考了其他班级提供的过程性记录表，发现表格是按照学生学号来排序的。然而，同学们交上来的作业并不是按照学号排序的，在登记时反而增加了老师的工作量，而且在登记后也不容易看出哪个小组的作业没交齐。因此，在开学前，我按照预设的小组进行了学号名单的调整，以小组顺序进行排序：第一列是组别，第二列是姓名，第三列是学号。这样，以小组为单位能够快速地进行作业等级的登记。

# ④ 自主管理，以轮换座位为例

　　班级的日常管理工作烦琐复杂，让不少年轻班主任身心疲惫、心力交瘁。那能不能寻求一种两全其美的方法，既能减轻班主任工作的负担，又能提升学生的素养与能力呢？当然有，今天我们就来聊聊自主管理。

　　学生自主管理是一种学生在教师的积极引导下自行发现自我价值、发掘自身潜力、确立自我发展目标并形成适应社会发展和推动个体与社会发展的意识和能力的教育管理模式。自主管理是就班级各种活动对每个学生充分授权，让其产生责任感，从而激励学生个人学习的自主性和创造性的管理方式，准确地说是一种管理思想。班级自主管理全过程充分注重人性要素，充分注重学生潜能的发挥。

　　接下来，我以轮换座位为例来谈谈班级的自主管理体验。两周轮换座位班级公约应该是最为合理的，这不仅有利于保护学生的视力，也有利于学生之间的交流。我不知道其他老师是如何安排座位的，但很清晰地记得自己曾经也为换座位头疼不已。如果是班主任随机安排，多少会引起部分学生的不满，也没有连续性。如果是班委安排，容易引起矛盾。结果就是，好多时间都浪费在了商定座位和座位搬移的"堵车"当中。这个问题必须要彻底地解决。

　　我们探讨的方案是：全班9个小组，第一次按照如图2-1所示就座，两周以后，按照箭头方向整体轮换。这样做的好处是每个小组只需要移动最短的距离即可完成座位轮换，而且保证每个小组都能公平地坐在教室的每一个角落。最让我们满意的是，再也不用纠结下一次换座位该往哪里搬了。

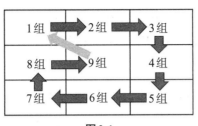

**图 2-1**

在制定完座位轮换规则后，如何执行座位的班级自我管理呢？首先我们需要一位责任心非常强的桌椅管理员，由他来全权负责座位轮换事宜，郭同学就是其中的一位。经过多次试验，我们班最终形成了一套比较完善的自主管理体系，我们称之为"三个1分钟"。每过两周，郭同学就会就桌椅轮换时间征求我的意见（以后这个唯一需要班主任的环节也可以省去）。在得到肯定答复后，郭同学告诉全班何时轮换座位，并打开希沃白板的一分钟倒计时功能，一切进入既定程序。

第一个1分钟：小组长组织组员进行1分钟商议。商议什么？当然是组内座位的安排。小组的座位也是小组自治的，组长有权利自行安排组内座位，但是我们还是规定组长不能坐小组第一排，便于小组管理；正副组长不坐在一起，尽量保证学科平衡。组长很清楚谁和谁坐在一起可能会讲话，谁和谁坐在一起可以优势互补，谁和谁坐在一起更有利于小组管理。小组之间的差距并不是太大，如何让座位的编排更有利于小组的学习，决定了这个小组在周、月评价中胜出。这不仅考验着组长的管理能力，也考验着组长的智慧。

第二个1分钟：全体同学以最快的速度收拾整理书桌（特别是书包、水杯、雨伞等），把椅子倒扣在桌子上，然后听从组长安排最新的小组座位顺序；同时，组员一起制定最佳的小组（包括桌椅）转移路线。这个环节看似轻松，可是对于平时丢三落四的"困难户"，简直就是"极限挑战"。

第三个1分钟：当准备工作一切就绪之后，郭同学一声令下，倒计时开始，各小组有条不紊地直奔自己的区域。在轮换的这1分钟内，为了不对隔壁班造成较大影响，班级约定桌子必须离地平移，而且组员之间是不能说话交流的，但是可以用手势和眼神进行交流。1分钟内，绝大多数的小组能够轻松完成，并开始迅速整理书桌。最快完成的小组将会获得操行加分奖励。

可能你会问，这样如程序般流畅的座位轮换会不会出问题呢？当然会。一次，一名同学对小组长的安排颇为不满，于是在轮换的时候故意耍起了小脾气，他一动不动地把桌子横在教室中间，造成了严重的"堵车"事件。我当时并没有立即干预，而是观察正副班长如何处理。一个在劝慰，另一个在疏导，不到两分钟问题就自行解决了。时间虽然超了，但问题是他们自己解决的，我依旧感到满意。

记得魏书生前辈在《班主任工作漫谈》中描写过他的班级是如何在55秒之内换好座位的。当时读到的时候我简直觉得不可思议，因为那时自己班上的孩子换个座位，我的嗓子喊哑了，他们也不见得听得进去。现在我想明白了，原因有三：一是缺乏具体的、可行的轮换制度与程序，二是没有把"民主、公平"还给孩子们，三是更不敢把"权力"放给孩子们。我们班也不全为了缩短时间，即使能在55秒内搞定也绝不能说就更成功。我们依旧会坚持"三个1分钟"，因为这3分钟里有组内民主的商议，有路线的优化选取，还有团结互助的友谊。

学生既是教育的客体，又是教育的主体。教师应把学生视为班级的主人，应该让全体学生参与到自己工作的决策过程中来，无论是制定计划、贯彻执行，还是检查监督、总结评比，都要让学生参与，让他们了解班级工作的上下环节，明确自己应该承担的各种义务。只有这样，学生才会具有主人翁的意识，才会把教师建议完成的工作当作自己的使命，学会做班级、学校的主人。

# ⑤ 聚拢人心，提升班级凝聚力

一个班级想要团结一致，就必须培养班级的凝聚力；一个班级想要可持续发展，就必须培养班级的凝聚力；一个班级想要有正能量，就必须培养班级的凝聚力……可以说班级凝聚力是班级战胜各种困难、落实各项任务的关键因素。那么我们如何才能提高班级的凝聚力呢？我认为要增强班级凝聚力可从以下三个方面入手。

## 一、寻找自己的价值，增强班级凝聚力

俗话说："尺有所短，寸有所长。"每个人都有自己的优缺点。对一个集体而言，每个成员的特点各不相同，如果大家取长补短，互相支持，那么这个集体就会形成强有力的凝聚力。每一个学生就像是班级的一块块拼图，只有互相填补才能拼成一幅更大的班级蓝图。

班主任要善于发现每个学生的闪光点。每一个学生都有其与众不同的地方，教师要充分利用这些与众不同的特点，为他们创造一个展示自我的舞台，让他们感受到自己是班集体中不可缺少的一部分。这就会使他们产生集体荣誉感。比如，我们班的林同学，他是班级中在学习上需要更多帮助和指导的学生。但是我发现他的班级责任心很强，就让他申请音乐课代表。刚开始，他一脸不可置信的神情，因为他觉得自己学习不好。在我的鼓励下，他接受了这个任务。每次上课前他都能督促班级同学做好课前准备。这使得他在班级找到了自己的位置和归属感。慢慢地，他和同学的关系也更好了，他的学习积极性也比之前有了很大提高，课间他还会主动找老师改错。

除此之外，班主任还可以利用自我暗示法来增强班级的凝聚力。所谓自我暗示法，就是引导学生正视自己的不足，并坚信自己通过努力可以克服这些毛病。例如，我们班的阳同学在课堂上总是讲话，这严重影响了课堂纪律和学习进度。但是他头脑灵活，记忆力好，善于思考，所以我当着全班同学说相信他在课堂上

可以克制住自己说话的欲望，并将这个课堂上的表达欲转化为下课给同学们讲题时的热情洋溢，或是和同学关于不同解题方法的辩论等，帮助周围的同学一起进步。从此以后，阳同学在课堂上说话的频率明显下降，虽然他也有克制不住自己的时候，但是不会再影响到课堂进度。他因此也得到了很多老师的表扬，他在班级中的自我认同感越来越强。所以我认为，班主任要帮助学生树立自信心，让他们相信自己能行，有勇气去面对学习和生活中的困难。只有这样才能从根本上增强班级凝聚力。

### 二、树立共同的目标，增强班级凝聚力

作为班主任，我们应该让每一个学生都明确班级的奋斗目标是什么，以及我们为什么以此为目标。学生们只有了解了班级的共同目标和背后的原因，才能将自己的目标与班级的目标融为一体，形成强大的凝聚力。

以我们班的共同目标为例，我们班的共同目标为"正气、团结、尊重、公平、严格"。在开学第一天，我就利用班会课征集了班级共同目标。果然，在班级管理中，班委每次进行班级管理时都会尽量做到公平。到目前为止，我们班从来没有出现过同学和班委吵架或者打架的情况。因为每个人都知道公平是我们班级的共同目标之一。最令我欣慰的是每个同学都是班级的管理者。比如班级中有人说话，地上有纸片，都会有同学站出来提醒，因为每个人都把班级的共同目标放在心里并且能够落实到行动上。每当我看到这样的现象，都会给予正向鼓励：一方面要告诉同学们，我们的共同目标正在逐步实现；另一方面也要让同学们知道，他们每一次有爱的举动都会被老师看到。在这样的过程中，班级凝聚力就会一点一滴地形成。

### 三、开展有益的活动，增强班级凝聚力

班主任组织学生积极参加有益的活动，这些活动可以使学生开阔眼界，增长见识，培养学生热爱祖国、热爱生活的情感。在组织这些活动时，班主任要充分发挥学生的主体作用。班主任既要关心学生的生活，又要指导学生的学习，还要

为学生提供展现自己才华的机会。班主任要让学生在每次有益的活动中增强班级的凝聚力。我认为班级活动应从以下几个方面入手。

首先，精心组织班会、晨会活动。班会、晨会是班主任对学生进行思想教育的主要阵地，因此，班会、晨会活动一定要精心组织安排，以问题为驱动，达成学生认知的共识。比如在"班级同心，小组同行，谁卷谁赢"的主题班会课中，我增加了开展"班级标兵"评比的活动，要求推举出能自觉遵守课堂纪律、积极参加各项活动、按时完成作业、主动帮助同学、见面问好的同学。通过这个活动，孩子们从侧面感受到了自己在班级中的角色，并开始思考自己能够为班级做些什么。

其次，多为学生提供自我展示、自我表现的机会和舞台，以增强学生的集体荣誉感。以王同学为例，她特别喜欢画画，在上学期寒假小报的评比中取得了很好的名次。王同学是一个内向的女生，做事有些拖拉，在班里没有什么存在感。这学期，她妈妈因为她的拖延问题感到十分困扰，多次到学校与我交流。我和她妈妈交谈后，我们根据王同学的特点，在本期班委岗位设置中增设了"文化站长"一职，让她专门负责黑板报工作。全班同学对这一提议都举手通过。王同学感到很震惊，她没想到自己平时默默无闻，但老师和同学们都在关注她，并且认可她。因此，她每次办班级黑板报都很认真。最近，王同学变得开朗了很多，以前做事拖拉的情况也有所改善，甚至再也没有迟到过了。这就是班级凝聚力和孩子成长互相促进的体现。

最后，班级凝聚力其实凝聚的是人心，是全体学生的心。它包含着学生对班级的认同，对班级荣誉感的守护，对身边同学与老师的爱和信任。因此，一个班级的所有学生需要在班级共同目标的指引下，通过积极参与各项活动，找到适合自己的位置，发挥最大的积极作用，这样才能让班级中的每位学生都有获得感和价值感。班级和同学互相成就，这样的班级才会有强大的生命力，并不断地发展进步。孩子们就像是一棵棵苗壮成长的小树苗，而他们最终会成长并形成班级这片茂密的森林。

# ⑥ 班会活动，让班级管理活起来

开学之初，很多班级都要竞选班委，学生往往采取自我推荐的方式竞选。但有时选出来的班干部并不能兼顾班委工作和学习成绩。面对这种结果，想必很多老师都会产生换人的念头。可是问题来了：用怎样的方式换？怎么照顾已选出同学的自尊心？如果再出现同样的情况又该怎么办？

美国杰出的心理学家、教育家简·尼尔森博士所著的《正面管教》给我带来了诸多启发。文中对班会活动的组织和管理给出了以下六个方面的建议。

第一，围成一个圈。其主要作用在于营造一种相互尊重的氛围，每个学生都可以看到彼此，并通过传递发言棒的方式，让每个学生都有机会发言或表达意见。

第二，表达感谢。当学生接受到他人的感谢时，他们的归属感和自我价值感会得到真正的提升，会让全班在一种积极的气氛中开始班会。

第三，提出待解决问题。提出问题后，要引导学生专注于解决问题的方案而不是惩罚。当取消惩罚，转而和善而坚定地采用解决问题的方案时，学生们就会学会尊重自己和他人。

第四，通过角色扮演和头脑风暴来提高解决问题的效率。角色扮演可以让学生深入理解所发生的事情，增强对角色扮演者感受和决策的理解，给后续的头脑风暴提供有价值的信息。头脑风暴可以让学生在较短的时间内想出尽可能多的解决方案。两者结合使用，能够帮助学生找到更多的有益且具有长期效果的解决方案。

第五，让当事者或者全班同学一起选择一个解决方案。学生选择他们认为最有帮助的建议，或者全班投票表决，这样会增强他们的责任感。

第六，关注上次解决方案的实施情况并加以修改。

刚开学我们班一直存在一个大难题：自习课上总有学生窃窃私语。为了解决这个问题。我决定用班会的方式实施正面管教理念来解决这个问题。接下来我在班上开展了"如何营造安静的学习环境"的主题班会。

班会前，我做了一些准备。首先，私下找到了班长和纪律委员交流，在与他们的聊天中，我发现他们也非常困惑，管不好纪律自己也很难过，早就希望得到老师和同学们的帮助。接下来，我通过与其他老师聊天，多方面了解了班级里学生的情况。

班会课上，同学们像往常一样迅速安静地围成一个圈，准备开始讨论。我用启发式的提问引导学生："我们班级的纪律问题已然影响到了大家的学习状态，大家觉得我们怎么才能解决这一问题呢？"

同学们立刻七嘴八舌地展开头脑风暴。

A：有些同学不自觉，完全没有学习的心思。

B：惩罚不够严厉，很多学生根本不怕被记名字。

C：班长和纪律委员的威信不够。

D：不是威信不够，是他们有时候自己都没有遵守纪律，带头说话。

E：班长和纪律委员的管理方法也有问题，他们每次都是大声地喊"不准讲话了"，根本没有用。

……

大家提出的问题很多，我提供了一些解决方案："那么，大家觉得是保持原有不变，还是再增加两名班委，或者是重新选班委呢？"大家一致决定重新选举班委。我接着问："大家建议，新选出的班长和纪律委员应该用什么方法来管理班级纪律？"通过头脑风暴，大家一致决定：当班长或者纪律委员发现有同学说话影响纪律时，只需要当众点名并提醒他不要再讲话。若他继续讲话，就全班一起监督他到班上的安静角去学习。要是仍然影响全班纪律，就记下名字并告诉班主任。如果班干部带头违反纪律，直接到安静角；再犯的话，记下名字并告诉班主任。

接下来的一个月，我随时向各位科任教师了解上课的纪律情况。自习课时，我也经常悄悄到教室后面观察，并时常关注前任班委的心理状态。由于他们是自己发现了自己的问题，而且也接受了同学们的建议，愿意与大家一同站在班级的角度为改善班级管理做出努力，所以即使是换了人，他们也并没有因此消沉。

在之后的学习中，我们班也一直采用这样的方式，共同商讨、一起进步。

我想，此次班级纪律的转变是正面管教与班会方式结合的结果。将班级纪律问题提上班会议程，征得了班长和纪律委员的同意，避免了对他们归属感和价值感的伤害；每个同学都积极发言，表达了自己的想法；最终通过集体投票决定的解决方案得到了全班同学的认可。全班同学都是自主的管理者，都愿意对自己的行为负责，共同创造安静的学习环境。

正面管教理念关注的是解决问题本身。它认为学生才是问题解决的积极参与者。当老师真正将主动权交还给学生后，或许能有意想不到的收获。这样做不仅能一定程度上改变班级管理中"一言堂"的现象，还能教给学生如何解决问题、激发兴趣、互相尊重、相互鼓励以及合作等技能。让他们真正学会做自己生活和学习的主人。

# ⑦ 总结，班级管理的"最后一公里"

用表扬的方式去激励学生的进步，一直是深受大家认可的教育方式之一。但是在实施过程中，老师们经常会有这样一些困惑：为什么我表扬了有的同学，被表扬的同学也就短暂地高兴一阵，便悄无声息了，而其他同学也并没有因为这样的榜样激励而产生什么质变。究其原因，是被表扬者不知其因，而其他同学也不明确自己需要改善之处。因此将表扬变为总结，既可以突显做得好的同学，又可以提醒还需要改善的同学，一举两得。那么，作为老师，我们应该在什么时候进行总结呢？

做好每日班级总结，帮助学生对自己的优点和不足有更清晰的认识，从而形成班级管理的闭环。善于总结是提升班级管理效能的"最后一公里"。那么具体怎么做呢？我认为有以下三个方面。

## 一、利用小班会进行总结

每日班级总结时长10分钟。学校规定每个班级每天下午六点半至六点四十是班级的总结时间。初一伊始，由班主任进行总结，为学生做个示范，之后慢慢放手，让学生更多地参与总结。总结的内容主要涉及当天的常规管理、学习内容、安全教育及一些必要的通知。班主任对每一个环节的总结，都要有表扬、有提醒，引导学生进行对照整改。其中，班级常规管理问题是班主任管理上长期存在的难题。我会借助每天这宝贵的十分钟，慢慢引导学生养成良好的学习习惯和生活习惯。例如，某天的大课间跑操跑得很好，我会观察并记录下来。在总结的时候，我会播放视频给全班的学生观看。接下来，我会鼓励学生谈一谈观看视频后的感受，并引导他们谈一谈对班级整体的感受和对自己个人的感受。一般，我会将视频播放两遍，第一遍要求学生看班级整体，第二遍则要求他们看自己的表现。我想，不用我更多地说教，学生都会看到自己的表现，看到自身和集体存在的问题。关键是接下来该怎么改善呢？我会先请班干部提出改进、完善的建议，再请心理承受能力较强、做得不是很好的学生来指出他们看到的问题，并分享他们的改进意见。而对于那些心理承受能力较弱的学生，我会在课后与其私下交流。通过观看真实、具体的表现，学生就会慢慢形成良性循环。这还能让学生养成善于反省、对自己高标准要求的良好习惯。

## 二、重视活动后的总结

每一次活动都是全班认真准备、一起完成的宝贵历练。在活动的准备过程中，一定会有很多值得班主任关注的教育资源。所以，班主任需要及时记录，并在活动完成、颁奖后，请同学们记录自己的感受，还要找时间进行全班总结。当问题较少时，教师可以用平常的零碎的时间进行总结；当问题较多时，教师可以选择利用班会课进行总结。例如，当我们班在准备国旗下的展示活动时，我们采取演戏的方式来呈现。展示活动可以整合家长资源，但为了培养孩子们的能力，我们往往只给整个故事的基本框架，其中角色没有确定，台词也没有确定。于是，同学们根据自己的热情和理解来完善了这个剧本。他们还成立了台词组、道具组、表演组等项目小组。整个剧本设计了四个场景，每个场景都是同学们一起讨论得出的。在整个过程中，我看到了一些比较内向的同学的潜力，也看到了一些同学的无私奉献，还看到了一些同学只想演不想动脑、不遵守纪律的情况，以及道具没人拿、清洁没人维护等问题。在整体活动呈现结束后，再抓住德育契机进行总结，便能达到事半功倍的效果。

## 三、利用课前总结，及时反馈

由于学校规定的每日总结是在傍晚时分，时间安排较晚，因此有时我发现了一些值得表扬的行为，或者需改进的行为，不能及时总结。这时我也会在第二天预备铃和正式铃之间的两分钟内进行简单的提醒和总结。

总之，我认为无论是什么时候总结、怎样总结，都需要做到以下几个方面。

一是要用心观察。我们要做一个善于观察的老师，既要观察活动中的具体现象，又要探究具体现象背后的原因。若老师总结的一些现象源自学生真实的行为，就更能够引起同学们的共鸣。二是要随时记录。教师看到具体的现象需要及时记录下来，不然可能记不清楚，有时可能反而会冤枉某一位同学，使得总结的效果适得其反。三是要有时效性。总结的及时与否直接影响总结的效果。对于刚刚发生的事情，同学们会更加有兴趣，更加有共情点，也会容易参与其中，这样自然也能够收到更好的效果。四是要以学生为中心。所有的总结应基于刚刚发生的真实事件。总结的形式也可以多样化，教师可以让班委总结，可以让小组长总结，也可以随机让同学们参与总结。总结的用语也应关注学生的情绪，站在学生的角度，尊重、理解学生的言行，这样也有助于让学生们愿意主动去改进。

最后，作为新时代的教师，我们需要让教育充满智慧，让被表扬的孩子内心得到激励，同时激发其他同学向他学习的愿望。因此，要抓住总结这一小切口做出大文章，打通班级管理的"最后一公里"。

# ⑧ 抓好德育教育，为班级管理赋能

在素质教育背景下，加强对学生的德育教育已成为教学工作者的共识。班主任作为班级的管理者和相关教学工作的参与者、践行者，在承担班级事务管理的同时，还应该关注学生的思想品德教育和心理健康成长。初中阶段的学生正处于成长的关键时期，他们已经具备了一定的认知能力，探究欲望较强。然而，由于该阶段的学生缺乏一定的自我约束力和自我认知能力，他们在学习和生活当中容易受到不良因素的影响。因此，教师应着重在班级管理中渗透德育内容，引导学生树立正确的人生观、世界观和价值观。

## 一、班级大扫除：劳动中的习惯养成与德育教育

荀子曰："蓬生麻中，不扶而直；白沙在涅，与之俱黑。"环境对于一个人的成长举足轻重，班级管理更是如此。教师要想在班级管理中对学生进行良好的德育教育，就必须构建良好的教育环境。教师可通过开展各种各样的德育活动来影响学生，使学生形成良好的德育意识，如每周的大扫除。鼓励每一个学生积极参与校园大扫除活动，不仅能培养学生热爱劳动以及积极劳作的意识，还能让学生在大扫除的过程中体会劳动的艰辛，进而激发他们的进取心，努力学习。在大扫除中，每一个学生都应该有自己负责的任务，如擦黑板、拖地、扫地、整理桌椅等。每一项任务都由教师或班级的卫生委员分配。如果出现学生不服从安排的情况，那么教师就要进行积极的引导，让学生充分意识到劳动最光荣，不管是擦桌子、擦黑板，还是扫地、拖地，都有其自身的价值，作为班级的一员，应该积极去完成。通过教师的积极引导，学生积极合作，愉快地进行大扫除活动，从而让学生在劳作中感受到快乐，并培养学生今日事今日毕的意识，同时也规范了学生的行为，有助于学生养成良好的习惯，并弘扬"一屋不扫，何以扫天下"的正确价值观念。

## 二、挖掘节日内涵，践行德育活动

培养学生的德育意识，就是要让学生具备高尚的情操和正确的价值观念，并用这些价值观念指导学生的生活和学习，规范学生的日常行为。因此在开展班级管理时，教师有必要选取和学生生活有关的内容进行德育引导。比如每年3月5日的"学雷锋纪念日"，教师可以通过班会向学生介绍雷锋事迹，强调雷锋无私奉献与助人为乐的精神，以鼓励学生从身边的小事做起，如帮助同学、参与社区服务等，并组织班级集体活动，如清洁校园、探访敬老院等，让学生在实践中体会帮助他人的快乐。同时，教师可以结合具体事例，引导学生思考公民责任与社会价值，激发他们的社会责任感。通过这些活动，学生不仅提升了道德修养，也增强了公民意识。同时，学生明白了参加志愿者活动能彰显高尚的品德和情操，从而培养学生正确的德育观念，让学生从自己生活的小事中去认识和理解德育，从而提高德育教学效果。

## 三、德育关怀：班主任针对性引导，助力学生应对家庭变故

同一个班级中，学生们因生活环境、成长背景、性格特点的不同而展现出较大的差异性。作为班主任，我们应时刻关注学生的动态，包括他们的学习成绩、生活习惯、性格特点以及情绪变化。一旦发现学生情绪波动，班主任就应该及时了解情况，并根据学生的性格特点进行针对性的引导。例如，我曾注意到一个以往成绩优异的学生最近情绪波动很大，成绩也有所下滑。通过家访、找学生谈心等方式，我了解到这个学生的父母正在闹离婚，导致他无法专心学习。于是，我引导他正确认识父母离婚这件事，告诉他这是大人之间的事情，他们可以自行处理。无论你的父母是否离婚，他们对你的爱都不会改变，你依然是他们最爱的宝贝。我鼓励他专注学习，相信父母能够处理好他们的事情。同时，我也与家长进行了沟通，强调家长应以学生的成长为重，为学生构建一个良好的学习和成长环境。通过这种针对性的引导，最大限度地降低对学生的心理伤害。

初中班级管理中的德育教育是至关重要的内容。教师应根据初中学生的特点，组织丰富多样的德育活动，让学生在这些活动中受到德育氛围的熏陶。在进行班级管理时，教师应选取和学生生活紧密相关的素材进行德育引导，这样往往会取得很好的效果。同时，教师应立足于学生的具体情况，积极开展教育活动，特别是针对个体的德育工作，为学生提供有针对性的引导。

# ⑨ 当班级发生"破窗效应"该怎么办?

班级的建设与发展并非一帆风顺，偶尔也会冒出一堆烦心事来，让人头疼不已。最近班级发生的两件事，就让我颇为头疼。

一是班级的卫生常规情况。无论清洁小组多么尽职尽责，在每天的值周检查中，班级卫生总会出现一些状况，扣分总是防不胜防。出问题的地方不是墙角就是公共区域，而且很多时候根本查不出是哪位同学所为，孩子们也不会主动承认。二是自习课的纪律问题。无论班干部如何秉公执法，总会有调皮的同学肆意妄为。当我向班委询问源头的时候，他们总是支支吾吾，说不清楚。但我知道，是班委碍于同学关系，很多时候并没有坦白说出真相。

这两件事看似没有多少联系，实则存在诸多的共性。如果第一个乱扔垃圾的同学没有被及时制止，那么其他同学看到后就可能相继模仿。同样，如果第一个讲话的同学没有得到班委公平有力的监督，那么其他同学也会跟着讲话。班级其实就是人生的一个小试炼场。同学们违反纪律、做错事并不可怕，可怕的是他们可能不知道何时或能否迷途知返。作为教育工作者，我们需要帮助孩子们深挖问题的根源，引导他们认清事情的本质。

这让我想到了一个现象——"破窗效应"。于是，我决定组织一次主题活动，来解决这一系列问题。

## 一、视频预热: 什么是"破窗效应"?

"破窗效应"是犯罪学的一个理论，由詹姆士·威尔逊及乔治·凯林提出。该理论认为，环境中的不良现象如果被放任存在，那么这些不良现象就会诱使人们仿效，甚至变本加厉。以一幢有少许破窗的建筑为例，如果这些破窗不被及时修理好，将会有人去破坏更多的窗户。最后，破坏者甚至会闯入建筑内，若发现无

人居住，或许还会在那里定居甚至纵火。又比如一面墙，如果出现一些涂鸦未被清洗掉，墙上很快就会布满新的涂鸦。为了帮助学生更加深入地认识这一理论，我选择播放一则小短片，带领学生直观感受，让他们充分认识到不管不顾产生的恶果。

## 二、思考启发：为什么会产生"破窗效应"？

为了激发学生的主动性，我抛出"为什么会产生'破窗效应'？"这个问题让他们自主思考。学生们通过讨论总结出：破窗效应表明，环境对人的心理和行为都具有强烈的暗示性和诱导性。人会受到环境影响；同时，人的行为也是环境的一部分。环境良好，不文明举止就会减少；环境不佳，不文明举止就会增多。

## 三、寻找破解：如何解决"破窗效应"？

我说道："'破窗效应'只有在'破窗'未得到及时修复的时候才会应验。"可见，一个微小的事件经过不断演变放大，将会对未来产生巨大的影响。古人云："千里之堤，溃于蚁穴"，说的就是这个道理。如果坏事在开始时没有被阻止，形成风气之后就很难改掉。我们必须对偶然的、个别的、轻微的过错保持警觉。"勿以恶小而为之"，讲的也就是这个道理。所以，我们一定要规范自身行为，防止"破窗效应"的发生。

## 四、通力合作：师生一同解决问题

我在PPT上展示了两张照片：一张是班级因卫生问题被扣分的照片，另一张是班级吵闹场景的照片。随后，我引导学生结合今天讲的"破窗效应"谈谈自己的看法。

通过相互倾听、认真交流，学生们得出了结论：我们若要爱护班级，见到第一块垃圾时，就应责无旁贷地捡起；我们要共同维护班级的学习环境，在安静自习的时候，无论是谁破坏了纪律，我们都要站出来提醒和制止，不能视而不见；我们还必须遵守班级的公约和坚守道德的底线。我进一步强调："我们不能做那个违反规则的'破窗者'，要做敢于成为及时'修复'问题的守护者。"

从以上案例可以发现，作为班主任，当学生出现问题时，我们一定要多观察，多记录，并从教育学、心理学的专业角度深挖不良行为产生的根源。在解决问题时，我们可以借助主题班会或团队活动，针对具体事情进行统一的教育引导，和学生一起理性、科学地分析不良行为发生的原因以及可能出现的严重后果，引导学生产生正确认知，真正做到以理服人。

当然，任何问题的改善都需要时间。一堂班会课让学生找到了问题所在，而将总结出的经验落到实处才是改善班级现状的关键。作为班主任，我们既要给学生足够的信任，相信他们能够从中汲取教训，并在今后的学习生活中改进自己的行为；也要持续关注事情的后续发展，对不良行为的反弹及时进行提醒和督促，形成闭环管理，直至班风班貌真正发生质的变化。成长，是师生共同努力的结果，就让我们和学生们一同加油吧！

# ⟨10⟩ "阳光学苑"种植课程中的收获

劳动教育作为"五育并举"育人体系的重要组成部分，而将科学种植课程纳入劳动教育范畴，具有深远的实践意义。在此，以我校的"阳光学苑"种植课程为例，深入分析了现阶段我校劳动教育所存在的问题。在科学思维的引领下，我们围绕"种植"这一主题，精心设计了全课程，旨在充分调动学生的主动参与性和培养学生的合作交流能力。通过这一课程，不仅培养了学生的科学实践观念、树立了正确的劳动价值观，还培育了团队精神，同时保障了"阳光学苑"种植活动的顺利开展。更重要的是，学生在这一过程中感受到了劳动带来的价值与快乐，进而学会了分享、珍惜和感恩。

## 一、"阳光学苑"种植课程背景

随着社会的发展，物质越来越富足，许多青少年从小便享受着高质量的物质生活，缺少参与劳动的体验。由于缺少劳动体验，大多数孩子在劳动技能方面近乎"两手不沾阳春水，五谷不分"。甚至一些青少年成年后仍不会做饭、照顾自己，缺乏独立生活的能力。在劳动价值认知上，少数学生存在偏见，认为劳动是可耻且低下的。他们对父母的劳动缺乏感恩和珍惜，难以体会食物的来之不易，因此浪费现象严重。在劳动情感方面，他们怕吃苦，缺乏正确的劳动价值观念，情感冷漠，甚至漠视生命。

2020年，国务院公报指出："劳动教育是国民教育体系的重要内容，是学生成长的必要途径，具有树德、增智、强体、育美的综合育人价值。"这一表述赋予了劳动教育新时代的内涵。《义务教育劳动课程标准（2022年版）》提到："义务教育劳动课程以丰富开放的劳动项目为载体，重点是有目的、有计划地组织学生参与日常生活劳动、生产劳动和服务性劳动，让学生动手实践、出力流汗，接受锻炼、磨炼意志，培养学生正确的劳动价值观和良好的劳动品质。"

本着培养学生坚韧意志，形成勤俭节约、珍惜粮食、感恩担当、乐于分享、珍爱生命等良好习惯的目的，学校开辟了"阳光学苑"。基于科学种植理念，学校采用小组合作的方式，将劳动教育的知识、能力和价值观融入科学种植的全过程，引领学生在种植中学习，在提升劳动技能的同时，让学生体验食物从种子到餐桌的全过程，并及时捕捉教育契机，深入挖掘德育途径，反思深化教育认识。"阳光学苑"种植课程不仅提升了学生的劳动素养，培养了学生的良好品质，还让学生树立了热爱劳动的价值观。"一粥一饭，当思来之不易；半丝半缕，恒念物力维艰。"学校力争达到让学生怀着感恩之心珍惜每一餐。

为了更好地开展与实施种植课程，在开园之初，我们针对学生开展了关于"'阳光学苑'种植劳动教育"的调查问卷。问卷依据布鲁姆认知分类理论，从教学目标的知识、技能和情感态度三个维度设置了15个题目，内容涵盖对劳动教育的基本认识与价值观、种植与食物的关系、粮食浪费与挑食的现象、种植的基本知识和技能、情感态度与价值观等方面。调查发现，仅有59.09%的学生从不挑食和浪费食物，近一半孩子存在挑食和浪费食物的现象；还有25%的学生不了解植物到食物的转化过程。在对劳动教育的理解方面，59.09%的学生认为劳动就是日常性生活劳动，如洗衣服、拖地、擦桌、铺床叠被等。90%以上的学生都参与过学校组织的不同劳动教育活动，但约有6%的学生认为学校没有必要开展劳动教育，甚至近12.5%的学生不愿意参加学校组织的劳动教育课程，如植树或种植花草、瓜果等，同时也有相同比例的学生不关注劳动教育知识。在种植的基本知识与技能方面，近16%的学生从未参加过种植活动，仅有36.61%的学生表示很了解植物的生长习性，而认为自己会科学种植（如如何科学地给植物浇水、施肥、除草、除害等）的学生约占一半。在劳动教育的情感态度与价值观方面，80%～90%的学生认为劳动是财富的源泉，也是幸福的源泉，不仅可以磨炼人的意志品质，还认为劳动最美丽、最光荣、最伟大、最崇高；但数据显示，有21.59%的学生表示新时代不再需要弘扬艰苦奋斗的精神，还有14.77%的学生认为劳动就是家务活，家务活是家长的事，不需要孩子插手，且表示自己也不乐意参与；甚至有6.82%的学生认为劳动会耽误学习。

从以上调查结果分析来看，学生对于劳动教育的理解存在一定偏差，相当一部分学生对劳动概念的理解片面、单一，甚至有些学生认为学校开展劳动教育会耽误学习，对劳动教育也是持拒绝或是不乐意参与的态度。当前，我国大部分学校对学生的劳动教育主要局限于劳动观念和基本劳动技能教育。也就是说，虽然学校开设了部分劳动教育课程，也开展了一些劳动实践活动，但在学生面临着较大的学业压力时，学校、家长对劳动教育重视程度依然不够，缺乏劳动教育的氛围。这些因素导致学生极少真正深度参与劳动，在认识和态度上产生了片面的理解。如在"阳光学苑"的种植调查中，我们发现有不少学生喜欢种植并参与过种植活动，也或多或少了解科学种植知识和专业技能。但如何让学生更深入地理解劳动的概念，并主动且深度参与到种植课程中来，以及对于不同的种子或植物如何进行科学的种植，仍是我们需要解决的问题。结合本次调查现象与存在的疑问，我校进行了"阳光学苑"的开发与建设，随后进行了种植课程的开发、实施以及评价，探索多元化的劳动教育课程，致力提升劳动教育的有效性。

## 二、"阳光学苑"种植课程实施过程

### （一）耕一犁田地，种下希望

项目负责人依据班级数量及土地面积对土地进行分块，并根据植物生长习性确定相应土地上种植的作物种类，各班班主任认领耕种板块。各班选定种植作物后，生物老师和劳动技术老师对学生开展专业的作物栽种培训，培训内容包括辨认各种植物幼苗、如何翻土、设定植物间距（以确保良好的通风和光合作用），以及幼苗的浇水量等。做好前期准备后就可以启动项目了。为激发学生们的参与热情，学校举办了盛大的开园仪式。阳春三月，在暖暖的阳光照耀下，"阳光学苑"开园啦！学生们有的拿着锄头翻地；有的刨出小坑，小心翼翼地拿着菜苗种下去，慢慢地盖上土；有的拿着水瓢，轻轻地给菜苗浇上水。尽管手上沾满泥土，脸上挂满汗珠，衣服也被弄脏了，但学生们的脸上洋溢着笑容。他们捧着一株株幼苗，伴随着欢声笑语，种下幼苗，种下希望，期待着收获。

（二）悉心呵护，静待花开

植物的生长如同人的成长，需要每日悉心照料。为确保作物的良好生长，在植物栽种后需及时施肥。学生在生物老师和劳动技术老师的指导下，学习辨认杂草，掌握除草方法，了解肥料调配方式，明晰施肥注意事项，以及如何给作物搭架子、去黄叶、打侧芽等。很多学生还在生物老师的带领下，将杂草、树叶与复合肥、磷肥置于密封的罐子里进行高温自然发酵，完成堆肥。在整个活动过程中，班主任需要调动学生参与劳动的积极性，并做好具体的值周安排。然而，由于种植地块大小的限制，没办法做到每天让每个人都参与其中。为了不挫伤学生参与劳动的热情，最大程度调动学生的参与兴趣，班级制定了各种各样的方法。比如：每周的最优秀小组可以优先参与照料菜园，借助班级优化大师随机抽取，按照周积分从高到低选取，根据举手快慢选取等方式，尽可能地让更多的学生参与到劳动教育中。起初，一切管理都井井有条，餐前午后的闲暇时光，学生会主动去"阳光学苑"给植物浇水、插杆、除草、除病虫害等，时刻留意植物的生长情况。然而，意外不期而至。在施肥环节，有个学生开小差，未认真听老师讲解肥料的添加比例，错将高浓度肥料浇到植物上。次日查看时，很多幼苗因烧苗已奄奄一息。借此小插曲，老师和学生一起及时分析了导致植物死亡的生物原因，明晰了其中蕴含的生物原理，让学生明白了万物生长皆有规律；同时，强化了认真听讲的重要性，使学生明白"差之毫厘，谬以千里"的道理。通过这些活动，学生认识到生命在孕育过程中的艰难和坚毅，体会到生命的伟大与崇高、渺小与脆弱。"阳光学苑"不仅是一块植物种植园，更是学生身心成长、放松身心的园地。

（三）"阳光学苑"种植课程成果汇报

沐浴着三月的春风，四月的暖阳，五月的"阳光学苑"终于迎来了丰收。然而，一个随之而来的问题摆在大家面前：如何将这有限的丰收成果公平地分给50多个同学呢？学生们开动脑筋，想出了很多方法，比如抽签、按轮流学号采摘等。最后，我们把蔬菜平均分给每个小组，由小组代表带回家烹饪，再带到学校分享给其他同学。后来，学生们还以班级名义，将菜园子里采摘的蔬菜送给了老师们。那些平日里习惯了被无微不至照顾，几乎不参与家务的学生们，居然也能做到早起炒菜。虽然有的菜味道偏咸，有的菜偏淡，但自己亲手做出来的菜，吃起来就是最美味的。

每日餐后，"阳光学苑"里到处都是脸上洋溢着笑容的学生们。这里不仅有色彩斑斓的环境，更是学生们心灵的栖息地。在这里他们能直观感受到生命生长过程中的种种意外，以及植物面对狂风暴雨、风吹日晒时的坚韧。每个生命都要经历破土新生前的百般努力，更要面对成长中的种种困难。正因如此，生命才弥足珍贵。通过种植，学生们明白了每一份粮食的收获背后都伴随着风雨和辛勤的劳动，体会到了"谁知盘中餐，粒粒皆辛苦"的含义，知道了食物的来之不易，懂得了珍惜。而体验做菜的过程，能让学生们感受到父母照料子女的不易，懂得每一份可口饭菜背后都是父母的满满爱意。通过分享劳动成果，学生们感受到了分享的快乐。亲身参与带来的感受和获得感是最珍贵的，我想这份收获和快乐将会伴随他们很久。在人生的长河中，很多事情我们会轻易忘记，但那天食堂里飘着的凉拌黄瓜和干煸菜豆的味道，将深深烙印在味觉、嗅觉的最深处，在某个不经意的瞬间浮现于眼前，勾起一抹微笑。

## 三、"阳光学苑"种植课程评价反思

"阳光学苑"中的劳动教育，归根结底并非劳动技能的学习，而是一条具有重要意义的教育途径。在课程实施过程中，教师应重视其蕴含的教育意义。其一，在劳动教育过程中，教师要及时捕捉教育契机，深化教育内涵，引导学生养成勤俭节约、勤于动手的劳动习惯；树立崇尚劳动、尊重劳动的劳动态度；形成通过劳动改造世界的劳动思维方式；培养劳动最光荣、劳动最崇高、劳动最伟大、劳动最美丽的劳动情感；提升辛勤劳动、诚实劳动、创造性劳动的劳动能力；以及树立善于创新、勇于奉献的劳动观。其二，在劳动的各个环节，教师可因地制宜地进行不同形式的劳动教育。例如，在耕种环节，教师应及时引导学生体验劳动改造世界的乐趣，培养他们不怕苦、不怕累的精神以及坚强的意志，同时进行珍惜粮食的情感教育；在管理幼苗阶段，教师要善于把握教育契机，比如在狂风暴雨后，教师可借助被摧毁的幼苗开展生命教育，阐述生命的来之不易与脆弱，启发学生珍惜生命。其三，收获时，教师可以进行分享教育，让学生体会"送人玫瑰，手有余香"的快乐。同时教师可引导学生将收获的食物以班级的名义送给各位老师，这既可以促进师生关系的良性发展，又可以进行感恩教育。其四，在食物烹饪环节，教师可开展安全教育和亲情教育，让学生通过给家长准备食物的方式，深刻体会父母的不易。总之，劳动过程中的每个环节都蕴含着诸多的教育契机。劳动不仅可以创造财富，还可以帮助别人，让学生切实体会到劳动的价值。

# 第三章

# 班会知心，课程育人

　　良好的师生关系是优质教育的基础。作为新时代的班主任，怎样才能与学生建立良好的关系，走进学生内心，成为学生的知心人呢？我们认为，上好主题班会课是一条不错的途径。借助主题班会这一载体，班主任引领学生在故事中反思自身，在问题中探寻根源，促使学生在潜移默化中修身立德。

　　优质的班会课能够促进学生的自我教育。班主任通过丰富多彩的班会活动创设情境，引导学生自觉领悟，使学生获得教益，这是其他学科课程难以企及的。

　　优质的班会课能够增强班级的凝聚力。无论是优良学风的营造，还是积极班风的形成，主题班会都能为学生提供良好的价值导向。它让学生在个人成长奋进的过程中，感受到班集体团结向上的力量，认识到携手共进的重要性。

　　优质的班会课可以助力师生构建良好的关系。一堂出色的主题班会课，是班主任个人魅力的展现，它彰显了班主任的见识与才华，也体现了人文精神与道德风貌。在班会活动中，师生之间的关系会得到升华，隔阂也会在共鸣中消除。

　　优质的班会课更是培育合格公民的沃土。德育为先，育人至上。只有懂得尊重，才能赢得尊重；只有懂得担当，才能肩负使命，成为祖国和社会真正需要的人。

　　从学生的成长需求出发，从班级的发展目标出发，从学校的管理理念出发，深入思考优质班会课的形式与价值。愿主题班会成为学生最喜爱的课堂，化成他们成长道路上的美好回忆，更成为引领他们人生方向的指明灯。

# ① 承中华美德，做文明学生
## ——文明校园主题班会

▶ **班会背景**

　　本次班会以"承中华美德，做文明学生"为主题，通过对校园不文明现象的探讨，帮助学生养成良好的行为习惯。在如今的校园里，不文明现象时有发生，如乱扔垃圾、在桌面上乱刻乱画、破坏教室公共物品、在自习课上大声喧哗、使用不文明用语等。美德教育应从小做起，从细节抓起，让学校成为文明与美德的阵地。

▶ **班会目标**

　　（1）通过此次主题班会，让学生意识到文明礼仪的重要性，做到在语言上讲规范、在行为上遵守规范、在待人上讲礼貌、在处世上懂得谦让。

　　（2）从校园的不文明现象出发，到班级的操行评比，再到自我的不文明行为，细化不文明现象。

　　（3）教育学生从我做起，从身边的小事做起，养成讲文明、重礼仪的良好品质，引导其争做文明好学生。

▶ **班会过程**

### 环节一　主题导入

故事引入：《饭店老板与无赖》

　　一个人走进饭店要了酒菜，吃完摸摸口袋发现忘带钱了，便对店老板说："老板，我今日忘带钱了，改日送来。"店老板连声道："不碍事，不碍事。"并恭敬地把他送出了门。

这个过程被一个无赖看见了，他也进了饭店要了酒菜，吃完后也摸了一下口袋，便对店老板说："老板，我今日忘带钱了，改日送来。"

谁知店老板脸色一变，揪住他，非剥他的衣服不可。

无赖不服说："为什么刚才那人可以记账，我就不行？"

店老板说："人家吃饭，筷子在桌子上放齐，喝酒一盅盅地倒，斯斯文文，吃罢掏出手绢揩嘴，是个有德行的人，岂能赖我几个钱？你呢？筷子在胸前放齐，狼吞虎咽，吃上瘾来，脚踏上条凳，端起酒壶直往嘴里灌，吃罢用袖子揩嘴，分明是个居无定室、食无定餐的无赖之徒，我岂能饶你！"

一席话，说得无赖哑口无言，只得留下外衣，狼狈而去。

教师：听过之后，你得到了什么启示？

学生1：一个人的言行很重要。

学生2：饭桌上也有餐桌礼仪。

教师：文明举止既可以反映一个人的综合素养，也可以告诉别人你是否是值得信赖的人。良好的文明举止会得到相应的回报，这就是我们今天开展的班会主题——承中华美德，做文明学生。

设计意图：每个人都喜欢听故事，以与班会主题相关联的故事开头，能激起学生的兴趣，让学生快速进入今天的主题。

### 环节二　了解文明礼仪及其重要性

教师：什么是文明礼仪呢？

文明礼仪就是律己、敬人的一种行为规范，是对他人尊重和理解的一种表现。

文明礼仪对一个人来说，是一个人的个性气质、道德水平、文化修养、审美情趣和交际能力等的外在表现，是人际交往的通行证。可以说，礼仪是一个人最基本的素质之一。

文明礼仪对一个社会来说，是一种文化，是一个国家的社会发展程度、道德风尚和生活习惯的集中反映。

作为初中生，你们从现在开始就要注重文明礼仪。十年、二十年后，你们新一代青年在外的表现，就代表着世人对我们中国人的看法。

设计意图：从理论上先让学生了解文明礼仪的实质，知其根本，明白其对个人的要求、对社会成员的要求。作为新一代的年轻人，他们肩负着振兴中华的责任，要让他们心中有目标，激发他们的爱国主义热情。

### 环节三　表演校园不文明现象，引出主题

教师：文明礼仪在我们的生活中无处不在，在家里、学校、马路上、网上、电视节目中……随处都可以看见这个词。然而，有些人在生活中却并不注重这些礼仪。

请三位学生表演小品《校园中的不文明现象》。

学生1：高空抛垃圾，"炫耀"投篮球技术。

学生2：对教室里倒在地上的扫帚视而不见，在课桌上画漫画人物，炫耀自己的"艺术"。

教师：对于上面的不文明行为，你有哪些建议？

学生3：不能乱扔垃圾，扔垃圾一定要扔进垃圾桶。

学生4：见到教室里倒在地上的扫帚要主动扶起，不能在桌子上乱刻乱画。

教师：一屋不扫何以扫天下。教室里的公共卫生，我们人人有责，主动扶起扫帚，还教室一片整洁，还书桌椅一片整洁。

设计意图：通过让学生表演小品的形式，展现学生平时在校园里的不文明现象。这样的方式不仅接近学生的生活，更能让他们感悟深刻。

### 环节四 找一找校园里的不文明现象

教师：在我们的校园里还有哪些不文明现象呢？

学生1：乱扔别人的书本，在别人的书本上乱写乱画。

学生2：说脏话，骂人。

学生3：对别人不尊重，不经别人允许，随便拿别人的东西。

学生4：随便玩讲台上的三角板，随意丢粉笔。

学生5：碰到老师没有问好，进办公室没有喊报告。

学生6：单手接别人递给我们的东西。

学生7：坐姿不端正，跷二郎腿，离开座位后桌椅不归位。

学生8：吃饭时发出声响，将不爱吃的食物乱扔在餐桌上。

教师：文明礼仪不是空洞的，而是体现在我们生活中的一个个小小细节中。根据同学们所说的各种细节，我们可以将文明礼仪归纳为尊师礼仪、行为礼仪、公德礼仪、餐桌礼仪和形象礼仪等。你们正处于求学阶段，着装应以朴素大方、干净整洁为主。女生的发型应以简洁易冲洗梳理为宜，不烫发、不染发；男生的发型以整齐、干净而富有朝气的短发为主，不留长发、不染发。平时不留长指甲、不化妆、不涂指甲油等。

设计意图：让学生自己找出校园里的各种不文明现象，而不是空洞地说教文明到底是什么。让他们自由发言讨论，教师引导归纳。

### 环节五 总结不文明现象

教师：学校也在督促我们践行良好的文明礼仪，请大家根据以往我们班的操行评比，讨论一下班级操行评比扣分的原因。

扣分原因：（1）教室内或走廊上有垃圾，瓷砖没有擦干净；（2）做操时有同学讲话；（3）离开时桌面没有清空；（4）离开时没关电灯、风扇、多媒体……

教师：我们该怎么办？

学生1：劳动委员或小组长要提醒同学打扫卫生。

学生2：我们每个人见到垃圾一定要捡起来。特别是对于走廊上的卫生，要开展"弯腰行动"。

学生3：最后离开教室的人一定要记得关灯、关风扇等，并互相提醒。

……

设计意图：通过分析和讨论班级操行评比中的扣分原因，引导学生认识到不文明现象的存在，并鼓励他们提出解决方案，共同营造文明、整洁、有序的班级环境。

## 环节六　文明礼仪先从自身开始

教师：同学们讨论得太好了，班集体的事务人人有责，就像我常说的一句话："班荣我荣，班耻我耻。"实际上，我们做好每一个小细节，就是在做文明人，在养成良好的文明品质。大家思考一下，我们每个人的身上还有哪些不足呢？

请大家拿出发给你们的A4纸，竖着对折，然后对自己的行为举止进行自查。左边请写自己的文明行为，右边请写自己的不文明行为。

教师：为自己左边的文明行为点个赞；对于右边的每一项，我们能改进吗？

学生：可以。

教师：老师暂时收起来自查表，替大家保管。

设计意图：通过进一步剖析自身，让学生发现自身的不足，进而自我纠正。在这一环节可以尽量给学生多一点的时间。

## 环节七　明礼践行，展望自己

教师：主题班会课后的这个月，我们可以随机拍摄不文明现象，帮助大家改正。一个月后评比文明礼仪标兵，再对照我们的自查表，看看我们是否有改进。

设计意图：通过本次主题班会，改变学生生活中的不文明行为。一个月后进行自查、评比，可以让这次主题班会形成一个闭环，督促学生言行一致，不断完善自己。

## 环节七　结束语

教师：在这里，我真心希望大家能通过这次主题班会，发现并纠正自己的一些不文明行为。只要你有改变的决心，相信你就一定会进步。当然，要改变这种校园不文明现象，光靠一个人是不够的，还需要我们全班甚至全校同学一起努力。

文明礼仪就像一粒充满生命力的种子，它会在我们的精神世界里发芽、开花、结果，影响我们的人生观、世界观。让我们把文明的种子播撒到生活中，争做文明标兵——说文明话，办文明事，做文明人！

▶ **课后反思**

### 1. 效果与感受

培养当代初中生个人的文明礼仪习惯是一个长期且反复的过程，这需要我们教师不断地进行心灵教育，特别是针对乱扔垃圾、跷二郎腿、说脏话等不良行为。为此，我们开展了此次主题班会。班会结束后的一两周内，学生的不文明行为明显有所改善。当然任何教育都需持之以恒，鼓励并表扬坚持良好行为习惯的学生，可以让主题班会的效果更加持久。

### 2. 注意事项

本节主题班会主要从校园内的不文明现象出发，旨在改变学生的不良行为。在鼓励学生自由发言的过程中，教师应引导他们尽可能地讨论哪些是不文明现象，以便学生自查，避免仅局限于小品中展示的几个现象，而不能将讨论拓展到他们的生活中去。

还要注意的是，教师也可以调整本次主题班会的部分结构。如果学校或班上没有操行评比制度，相关环节可以略去。同时，教师也可根据自己学校或班上的评分细则来展开讨论，只要能实现目标即可。

### 3. 改进与提升

主题班会结束后，学生的行为习惯有明显改善。如果希望达到更佳的效果，在接下来的两周内，一定要及时跟踪并表扬学生的文明行为。可以通过录视频、展出图片等方式进行表扬。一个月以后，可评选文明礼仪标兵，并坚持下去，形成本次主题班会的闭环。此外，还可拓展主题班会的内容，如关于餐桌礼仪、尊老爱幼等传统美德的教育活动等。总之，只有把我们的优良传统体现在生活中的各种小细节中，才能培养出文明有礼的高素质人才。

**养成好习惯，终身都受益**
**——终身财富主题班会**

### ▶ 班会背景

孔子曰："少成若天性，习惯成自然。"叶圣陶也说过："教育就是养成良好的习惯。"培养学生良好的学习习惯，是实施素质教育和推进终身教育的重要途径。从小学升入初中后，随着课程的增多、知识内容的加深以及作业量的增大，各科的要求也相应提高。学生刚进入中学时的新鲜感很快被学习压力驱散，往日的无忧无虑逐渐被忧郁和焦虑笼罩。同时，我注意到，那些在小学阶段就养成了良好学习习惯的学生，能较快地适应初中的学习生活；而有些学生虽然认真努力，但成绩并不理想，主要原因在于他们在学习习惯方面还存在不少问题。本次班会旨在以此为契机，帮助学生养成良好的学习习惯。

### ▶ 班会目标

（1）让学生认识到养成良好学习习惯的重要性。

（2）让学生理解习惯养成的原则和具体做法，并制定出养成好习惯的计划。

### ▶ 班会过程

#### 环节一 主题导入

教师：同学们，我们先一起来做个小游戏。请先把手掌张开，然后十指交叉并合拢。重复这个动作几次，然后停下来，仔细观察，是你的左手大拇指在上，还是右手大拇指在上呢？再次重复这个动作，看是不是同样的结果呢？我们发现，大家好像不自觉地都重复同一种交叉方式，为什么会这样呢？

学生1：习惯这种行为了。

教师：接下来，请同学们反过来交叉，就是刚才右手大拇指在上的改为左手大拇指在上。那么现在，你们有什么感觉呢？

学生1：别扭，不舒服。

学生2：不习惯。

教师：这又表明什么呢？

学生：要改变习惯是不舒服的。

教师：大家继续做相反的动作，用力重复21次以上。完成后，请告诉我你们现在有什么感觉？

学生：没那么别扭了。

教师：这又表明什么呢？

学生：有些行为，只要不断重复，就会慢慢适应，所以说习惯是可以改变的。

教师：通过刚才的游戏我们可以发现，习惯可以养成，也可以改变。

设计意图：通过手指交叉小游戏，引导学生直观体验习惯的养成与改变过程，理解习惯的可塑性，激发学生对于习惯培养与改变的思考。

教师：我们每个人都有这样或者那样的习惯，比如有的人习惯早起早睡，有的人习惯用右手写字，也有的人习惯用左手写字。你们在日常学习中有哪些习惯呢？接下来，请同学们一起来分享自己的一些日常习惯吧（好的和不好的习惯都可以谈论）。

学生1：我每天吃完午饭会去打会儿球，直到快要上课才回教室。

学生2：我每天起床后都会整理好自己的床单被褥。

学生3：我一坐下来就喜欢跷二郎腿，背就驼下去了。

教师：习惯有好有坏，好习惯能帮助我们变得更好，而不良习惯就可能成为我们前进的绊脚石。有人说，世界上最可怕的力量是习惯，最宝贵的财富也是习惯。习惯对人的一生至关重要。

设计意图：通过让学生分享自己的习惯，让学生认识到习惯的多样性，并理解好习惯与不良习惯对个人成长的影响，从而激发学生对培养良好习惯的重视。

## 环节二 认识习惯

### 1. 习惯的力量

教师：刚才，许多同学都分享了自己的日常习惯。这些习惯，如果日复一日地持续下去，会对我们产生怎样的深远影响呢？让我们通过一个简单的数学计算来直观感受：如果我们每天进步1%，也就是1.01的365次方，最后算出来约等于37.8；如果每天进步2%，也就是1.02的365次方，最后算出来约等于1377.4。反过来，如果每天退步1%，那就是0.99的365次方，最后算出来约等于0.03。从这个计算中，你们发现了什么？

学生：原来习惯的力量如此巨大。人们常说性格决定命运，而习惯塑造性格，所以说养成良好的学习习惯对我们来说是一笔终身的财富。

教师：那为什么开始并坚持一个好习惯会显得如此困难？

学生1：养成的习惯太难坚持，可能是方法不对。

学生2：自己懒惰，没有坚持下去的毅力。

教师：一方面可能是惰性较强，另一方面可能是那种行为给我们个人带来的愉悦感还不够强烈。因此，很多好习惯需要我们刻意去养成。人生就像是一场好习惯与坏习惯的较量，要想成就多彩人生，就要在思考方式、行为习惯、情绪管理等方面，让好习惯逐渐增多，坏习惯逐渐减少。

设计意图：借助直观的数据计算，让学生清晰且深刻地感受习惯的力量。通过讨论和分析，引导学生认识培养好习惯的重要性，并鼓励学生养成更多的好习惯，减少不良习惯。

### 2. 习惯的养成

教师：既然习惯的力量这么强大，现在，请大家在卡纸上写下你们最想养成的某个习惯以及最想改进的1%的方面。例如，在健康方面，我想养成每天锻炼的习惯；在兴趣方面，我想养成每天写毛笔字的习惯；在学习方面，我想养成每天记忆3个新单词的习惯。

学生1：我想改变自己的坐姿，让自己的体态更好。

学生2：我想让自己的书本摆放得更整齐有序。

学生3：我想养成每天阅读的习惯。

教师：改善不良学习习惯过程中，确实会遇到各种困难和挑战，但关键就在于坚持。习惯的养成不在于一时的热情，而在于日复一日的积累。当我们遇到困难时，不妨回想一下今天我们讨论的习惯的力量，用这份力量激励自己前行。

设计意图：引导学生聚焦自身，通过具体行为目标的设定，切实理解习惯养成的重要性，同时强调坚持在克服困难、实现习惯养成过程中的作用，助力学生将习惯力量的认知转化为实际行动。

## 环节三　方案制定

### 1. 饿猫实验

教师：在了解习惯养成方法之前呢，老师先给大家讲一个心理学上的著名实验——桑代克饿猫实验。一只饿猫被关在专门设计的实验迷笼里，笼门紧闭，在笼子附近放着一条鲜鱼，笼内设有一个开门的机关，一旦碰到这个机关，笼门便会开启。开始时，饿猫在笼内乱碰乱撞，偶然一次碰到机关打开笼门，得以逃出吃到鱼。经过多次尝试，猫学会了通过碰机关开笼门的行为。经过20到30次的尝试，每只猫都学会了按下杠杆，逃离箱子，获得食物。这种行为已经变成自然而然的习惯性动作，以至于猫从最开始的30秒到最后可以在几秒钟内逃脱。在这个过程中，为什么猫能养成这个习惯呢？

学生1：猫想吃东西。

学生2：猫通过每天重复相同行为来获取食物。

教师：在这个过程中，用到了习惯养成方法——行为转变四定律。该方法的四个原则分别是提示、渴求、反应、奖励。实验者在设置时是遵循了这些原则的，所以猫最终能养成这个习惯。

设计意图：通过饿猫实验的介绍，引起学生兴趣，引导他们发现习惯养成的本质，让学生更深入理解习惯的养成需要具备哪些条件，为后续讲解习惯养成的方法——行为转变四定律做铺垫。

### 2. 行为转变四定律

教师：同学们在进行习惯方案设计时，也要遵循一些原则，这些原则分别是：提示要显而易见，渴求要有吸引力，反应要简便易行，奖励要令人愉悦。比如练毛笔字这个习惯就可以按照这样的方式进行设置。

教师：为了让提示显而易见，我们可以如何来设置呢？

学生1：可以在书桌上贴提示语。

学生2：可以设置闹钟，并加上语音提示。

教师：同学们真棒！是的，我们可以根据自己的情况进行设置，只要提示显而易见都是可行的。

教师：渴求要有吸引力，我们又可以如何设计呢？

学生1：可以去购买自己喜欢的宣纸，这样看到喜欢的宣纸就更有练习的欲望。

学生2：可以定制自己的刻章，写完盖上自己的名字，让人有一种作品属于自己的感觉。

学生3：在书写时播放自己喜欢的轻音乐。

教师：同学们的设计都很好，老师也给大家分享一个方法：书写的内容可以是自己喜欢的诗句等。接下来，反应要简便易行，我们可以如何设计呢？

学生1：每天减少书写量，降低难度。

学生2：每天写自己喜欢的字。

学生3：先只练习自己和家人的名字。

教师：是的，在刚开始的时候，尽可能地将难度降低，先完成再完美。刚开始可以先只写几个字就可以了。最后的奖励要令自己愉悦，我们又可以如何奖励自己呢？

学生1：写完后将其留存起来，并给自己一个小礼物，比如一块喜欢的巧克力或一本想读的书。

学生2：写完以后可以让妈妈拍照存档或者发个朋友圈，再给自己放首喜欢的音乐放松一下。

教师：同学们的方法都很好，不管如何设计，只要记得符合上述四个原则就是可行的。接下来，同学们就可以根据行为转变四定律来制定自己的习惯养成方案了。

教师：现在请两位同学上台分享他们的习惯养成方案。

学生1：我想成为一个腹有诗书气自华的人，所以我想养成的习惯是阅读习惯。具体的方案是：在床头放一本喜欢的书，这样每天睡前都能看到它；刚开始，我给自己制定的计划是每天最少看两页；看的过程中，遇到好的语句就把它摘录到精美的笔记本中。

学生2：我想提升自己的口语表达能力，所以我想养成的习惯是英语朗读习惯。具体的方案是：设置每晚十点的闹钟来提示自己进行口语练习；渴求是练习我喜欢的电影台词或者文章；反应是一开始每天晚上只需要朗读五分钟；奖励是每坚持一周的练习，就让妈妈做一个自己喜欢的菜。

教师：感谢两位同学的分享，这两个方案都很好。相信你们一定能够变成自己期待的样子。

教师：同学们，当我们真正长期投入去做一件事情，一定会感受到它带给我们的快乐，也会体会到它带来的价值。所以，既然已经制定好了习惯养成方案，那就从今天开始，做好这四个环节，相信习惯的养成不再那么困难。

设计意图：通过引导学生理解并运用行为转变四定律，鼓励学生自主设计习惯养成方案。

## 环节四　财富储存

教师：在养成好习惯的过程中，每一步都如同在为自己储存财富。老师也可以帮助大家记录这一过程。同学们，设计好你们的习惯卡片后，每完成一次任务，就相当于给自己储存了一些财富。建议大家每天给自己打分，满分设为100

分，并在如图3-1所示的坐标系中用圆点标注出每天的分数。随后将分数对应的点用光滑的曲线连接起来，这样，你们就可以看到自己的习惯养成轨迹了。

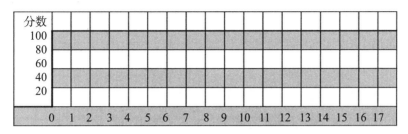

图3-1 坐标系

教师：不要给自己停下来的借口，因为即便是糟糕的坚持，也远胜于彻底的放弃。当我们逐渐养成习惯，坚持本身将不再是负担，而是自然而然地融入了我们的日常。

设计意图：通过可视化习惯养成过程（如用光滑曲线连接分数点），旨在帮助学生直观感受进步，理解习惯养成是一个由坚持到自然融入日常的过程，从而增强他们的动力与信心。

### 环节五 教师寄语

教师：一个轻松愉悦的习惯会让我们每天都能全身心地投入学习，让我们仿佛忘却时间，沉浸其中，从而获得对生活的掌控感，进而让我们收获蓬勃且充实的幸福生活！同学们，正如亚里士多德所言，人的行为总是一再重复。因此，卓越并非一时的行为，而是源于习惯。因为行动铸就习惯，习惯塑造性格，性格决定命运。这恰恰说明了要养成好习惯，贵在行动！从今天开始，就让我们在每天的学习活动中养成良好的学习习惯吧！只要坚持下去，它必将成为你们终身受益的财富。

设计意图：通过呼吁和号召，进一步升华主题——养成好习惯，终身都受益。鼓励学生立即行动起来，通过实际行动来养成好习惯，为自己储存更多的财富。

▶ **课后反思**

**1. 效果与感受**

每个学生都渴望自己向更好的方向进步，希望自己变得越来越好。课前，我先通过调研的方式了解学生的日常行为习惯，以及他们想要培养的行为习惯，做到心中有数。根据学生的情况，我运用行为转变四定律提前制定了一些方案。接下来，在课堂上，我遵循以终为始原则激发学生内在学习动力，并依据行为转变四定律的原则为学生提供改变的方法。最后，我采用财富储存的比喻来激励学生。整体而言，学生的参与度较高，他们也能根据行为转变四定律制定出一套适合自己的方案。

**2. 注意事项**

在进行课前调研时，教师可以根据自己班级的情况去设置题目，问卷的设置尽可能地呈现班级的一些不良行为习惯。方案制定一定要遵循四个原则，确保方案能切实实施。学生在思考自己想要养成的习惯时，往往没有方向，不知道从哪些方面进行梳理。教师可以从学生的兴趣爱好、学习上的薄弱环节等方面出发，给予学生一些启发。学生在进行习惯选择时，教师应将他们向积极正面的方向引导。如果学生制定了不合理的习惯目标，比如身材正常的女生想减肥，教师要及时帮助学生进行分析，并引导他们选择更积极、正面的目标。

**3. 改进与提升**

此次班会虽有理论支撑，但是少了一些趣味性。在进行方案分享时，教师可以让学生进行角色扮演，模拟进行某个习惯的流程。同时，教师可以设置困难情境，让学生思考：在落实方案时，遇到困难应该如何应对，让学生提前有个心理预设，从而更能真正帮助学生养成相应的行为习惯。

# ③ 澎湃年轻人，抖擞精气神
## ——德育常规主题班会

## ▶ 班会背景

　　我校每天会安排三次课间跑操，这不仅是一项基本的体育活动，也是一项常规的德育教育活动。规范和高质量的跑操能够彰显师生的风采和精神风貌。但在长期的跑操过程中，却出现诸多问题，如学生用于锻炼的时间不足，对每日的课间跑操不够重视，跑操热情不高，跑操纪律差，集体观念薄弱等。这些问题不仅导致锻炼效果不佳，长此以往还会影响学生运动能力的发展，更难以展现出班级、年级乃至学校的良好风貌。

　　本次德育常规班会就以跑操为切入点，以如何激发学生的运动激情和增强集体观念为研究的重点和难点。我们力求在本次班会中，将话说到学生的心坎里。我们相信，当学生内在的价值感被唤醒以后，很多原本被视为要求的内容，就不再仅仅是要求，而是转变为了他们自发自觉的需要。

## ▶ 班会目标

　　（1）从科学运动视角出发，充分激发学生参加体育锻炼的积极性，从内心唤起学生对体育锻炼的热爱与认同。

　　（2）培养学生认识美、感受美、欣赏美的意识和能力，从而帮助学生树立正确的价值观，引导学生内省，并从自我视角发现问题，认清现状，为学生创造美奠定基础。

　　（3）将课间操提升至科学、集体、规则的高度，引导学生认识到其重要性，并将其具体落实到行动中，从而增强团队凝聚力，展现年轻人的精气神。

▶ **班会过程**

## 环节一 主题导入

教师：年轻人应该有怎样的精气神？

学生：……（学生自由发言）

设计意图：通过问题导入，直接引出本次主题班会的目标，让学生明确目的，同时激发学生深度学习的兴趣，促使他们参与到课堂活动中来，从而优化课堂教学。

## 环节二 晓之以理，解心中疑惑

**1. 运动能解决什么问题？**

教师：老师听说过这样一个观点：坚持锻炼是一项了不起的"软实力"，不知道你们是否认同？运动到底能解决什么问题？动起来真的会让我们变聪明、学习进步，且心情愉悦吗？

PPT展示案例1：当今人类的运动量直线下降，这一事实与我们的祖先形成鲜明对比。案例讲述运动与大脑的关系以及运动量下降后给我们身心带来的危害。

教师：同学们，通过刚才老师分享的案例，你们有什么感受或想法吗？

学生：……（学生自由发言）

教师：看来同学们和老师有相同的感受，现代人不运动已成为一种常态。

**2. 运动带来什么好处？**

教师：运动能给我们带来哪些好处呢？请同学们说一说。

学生分享后，教师小结运动的作用，并引出案例2。

PPT展示案例2：纳帕维尔高中借助运动课程（跑步）改变学生大脑的案例。

教师：下面请同学们分享运动的好处。

学生：……（学生自由发言）

PPT展示：运动的益处。

**3. 运动如何改造大脑?**

教师：那运动是怎样改造我们的大脑的呢? 在了解了体育锻炼对我们大脑的影响后，我们进一步从细胞层面探讨运动如何改造大脑。

案例3：借助海鞘这种生物，介绍大脑的相关知识。

教师：我们从脑科学的角度来了解大脑与运动的关系。刚才讲到的案例与原理都来源于《运动改造大脑》这本书。它由哈佛大学医学院副教授约翰·瑞迪所著，被翻译成10国语言，重印了16次，是一本风靡全球的科学著作。

播放视频：《运动改造大脑》。

学生们观看视频后分享感受。

教师：这本书中的观点极具说服力，我深受触动，相信大家看完视频后，也有了自己独特的感悟。我们从科学的视角深入认识了运动对大脑的改造作用，不再仅仅浮于表面地认为运动重要。掌握了这些科学知识，我们便能更轻松地克服懒惰心理，积极主动地投身到运动当中。

设计意图："运动能解决什么问题""运动带来什么好处""运动如何改造大脑" 三个问题导向层层递进。通过一个个具体案例的思考，学生不仅能获得关于运动的认识与知识，理解运动背后的科学道理，扫除思想障碍，而且这一过程有利于提升学生的表达与讨论技能，增强他们面对困难的决心和自信心。

## 环节三　动之以情，树心中目标

**1. 思想出发：榜样力量**

教师：榜样所在之处，凝聚进步力量。下面，我们就一起来了解青年毛泽东"野蛮其体魄"的故事。

PPT展示案例故事。

教师：同学们，看了这个故事你们有什么感受?

学生：……（学生自由发言）

播放视频《恰同学少年》片段，展现青年毛泽东与穷寇之兵的较量场景。

**2. 现状分析：聚焦问题**

教师：领略了榜样的激励作用后，让我们将目光转回当下，分析一些实际问题。同学们，你们了解近年来我国学生肺活量及体质情况的数据吗？

PPT展示我国学生近年肺活量和体质变化的各类数据。

教师：同学们，看到这一组组数据，你们有什么感受？你们知道中国孩子和美国孩子在这方面的差距吗？我们再来看一组数据：中美及发达国家体育人口数量占比情况。

PPT呈现相关对比数据。

教师：同学们，看到这一组组数据，你们有什么观点想分享吗？

学生：……（学生自由发言）

教师：过去，我们常被迫运动和锻炼；如今，希望能唤起同学们内心对体育的热爱与认同。

**3. 体能大PK：现身说法**

教师与学生体能大PK。学生们经过讨论后确定三项活动的参赛人选。

活动1：肺活量大考验

活动规则：老师指令下达，同学们深呼吸一口气，然后徐徐吐出，发出"滋滋"声音，看哪位同学坚持最久，并与老师进行PK。

活动2：耐力考验

活动规则：选出班上跳绳持续能力最强的一名学生，与老师进行PK。

活动3：力量训练

活动规则：选出班上做平板支撑最出色的一名学生，与老师进行PK。

活动完成后，教师进行小结。

设计意图：通过展示青年毛泽东"野蛮其体魄"的故事材料，凸显榜样的价值，再借助几组数据对比和体能比赛的活动展示，促使学生逐步形成锻炼与运动的目标意识，进而调动学生参与运动的积极性，充分发挥学生的主体作用。

## 环节四 导之以行，感震撼之美

**1. 嘈杂无序，懒散随意**

学生分享在校运动的时间。

教师：你们觉得这样达到运动效果了吗？

学生：……（学生自由发言）

教师：对于我们整个班级来说，跑操给你一种什么样的感觉？

学生1：对于整个班级而言，跑操的状态很随意。

学生2：从班级层面看，跑操没有达到应有的效果。

教师：那你期望达成什么样的效果呢？

学生2：至少速度要保持恒定，队伍要整齐。

### 2. 步伐一致，规范整齐

观看视频并思考（引出如何改变我们跑操的现状）。

播放视频1：跑操嘈杂无序，懒散随意。

播放视频2：跑操步伐一致，规范整齐。

教师：看完这两个不同版本的跑操，同学们有什么感受？

学生：对比第一个视频，我感觉第二个视频展现出一种青春年少的精气神。

### 3. 团队"亮剑"，震撼之美

播放视频3：团队"亮剑"，震撼之美。

教师：看完他们的队列及跑操后，你们有什么感受？

学生1：我感觉特别震撼。

教师：从团队的角度来看，你们有什么体会？

学生2：感觉它给予了我力量。

教师：那一个人跑步能否带给你们这种力量？

学生3：不能，这是团队带给我们的力量，也是一种独特的美。

教师：大家还见过比这更震撼、更整齐的队列吗？

学生齐答：阅兵。

教师：下面就让我们一起来回顾一下震撼人心的阅兵式。

### 4. 英姿飒爽，祖国名片

教师：我们领略了团队跑操带来的震撼力量，而在更宏大的场景中，还有令人心潮澎湃的画面，下面让我们一起来看看。

播放视频4：展现英姿飒爽阅兵场景，彰显祖国名片。

教师：每当看到阅兵式时，大家都会心潮澎湃，此时会真切地感受到祖国的强大与自己息息相关，并引以为傲。所以，用英姿飒爽来形容他们再合适不过。他们走出国门，代表的是中国军队，展现的是祖国的形象，他们就是祖国的名片。你们认为是什么力量让他们做到如此极致？

学生1：他们肩负着责任，他们代表的是人民军队。

学生2：他们代表的不是个人，而是整个祖国，自然而然就有了使命感。

教师：那怎样才能达到这样的效果呢？

学生3：我觉得需要指挥官进行训练，就像我们有体育老师，我们要听从体育老师的指令，完成训练内容。

教师：也就是说，我们既要听清训练内容，也要进行有针对性的刻意训练。

设计意图：通过四组视频材料对比呈现，以比较的方式提出问题，启发学生思考，并引导学生进行比较思辨。通过学生积极地比较、整理归纳并总结出相应结论，有效提高了学生的逻辑思维能力。

## 环节五　持之以恒，悟精神内涵

### 1. 做好课间操的意义

教师与学生从不同的角度共同讨论课间操的意义。

### 2. 做好课间操的标准

教师与学生共同学习学校"三操"标准，并从不同角度进行讨论，共同制定课间操的标准。

### 3. 做好课间操的精神内涵

要跑好课间操，我们需要统一思想，保持精神饱满、团结向上的状态，做到动作规范标准，进行有意识的训练，展现出年轻人的精气神，成为自律、阳光、自信的少年。教师总结提炼课间操的精神内涵：跑操不只是一种运动，从中衍生的精神，必定会激励学子们的志气，更彰显学子们的一种态度、一种气质、一种精神、一种文化。在"队列整齐、步伐一致、精神饱满、口号响亮"的集体跑操中，学生能跑出自己的豪气、大气，跑出自信与快乐。

**4. 我们的倡议书**

班级发起倡议：跑出激情、跑出力量、跑出美感、跑出斗志、跑出自律、跑出团结、跑出自信、跑出快乐、跑出习惯、跑出凝聚力，跑出年轻人的精气神！

教师：跑操是体育锻炼的一次长征，跑操是大脑改造的必经之路，跑操是缓解压力的最佳方式（合适发泄），跑操是每天的精神升旗；跑操是团队精神的一次彰显，这就是我们年轻一代的精气神。

设计意图：通过以上活动回归到本次班会的目标，逐步达成共识、形成制度和标准，并提炼出跑操的精神和内涵，增强班级凝聚力，展现团队精神。

▶ **课后反思**

**1. 效果与感受**

本节课是一节常规班会课，在课程设计和实施过程中，我心里难免忐忑，毕竟德育常规内容缺乏新鲜感。首先，我找准了"科学运动观"这个切入点，通过若干问题导入和案例展示以及小组活动等方式，在引起学生兴趣的同时，从科学运动视角激发学生体育锻炼的积极性，从内心唤起他们对体育锻炼的认同感。其次，本节课设置了"体能大PK"活动，学生参与热情极高。我结合所了解的运动观以及中学生体质情况，通过直观形象的对比，让学生感受到跑操的现状。学生从自我视角出发，发现问题、认清现状，进而认识美、感受美、欣赏美，从而形成正确的价值观，进而引导学生内省，为学生创造美奠定基础。

通过以上一系列活动，学生达成了认真跑操的共识，还讨论制定出跑操标准并发起倡议，直击人心。在老师的引导下，进一步将课间操提升至科学、集体、规则的高度，引导学生认可其重要性，并切实落实到行动上，增强了团队凝聚力，展现出年轻人的精气神。

在课堂教学中，部分学生的思维活跃，勇于发表自己的见解，整节课学生

的参与积极性都很高。本次班会课后，我能感受到学生内心发生的积极变化，以及在第二天的跑操活动中展现出的精气神。

### 2. 注意事项

首先，在整个班会设计中，环节较多且紧凑，因此需要特别注意时间把控。其次，在进行各环节的问题引导时，教师需要充分准备，保持情绪饱满，这样才会更具有感染力和说服力。再次，由于案例较多，可提前以小组为单位让学生准备相关材料、案例等。这样做既可以提高课堂效率，又能增加课堂的生动性，同时有助于培养学生主动学习和合作学习的能力。最后，各环节在呈现方式上可以更加多样化，比如在原有看视频和参与活动的基础上，增加角色扮演、游戏或小组辩论等新形式，这能让原本"说教式"的常规班会变得更具活力。

### 3. 改进与提升

从目标性来看，此次主题班会目标明确，旨在让学生通过活动树立科学运动观，自我审视问题，讨论并形成新的标准，并在实践中反思提炼出团队跑操的精神内涵。整个班会活动流程进展顺利。从形式上来看，此次主题班会活动运用了多种形式，如讨论、观看视频、参与活动等，尽可能让全员参与，课堂气氛融洽，使学生在每个环节都有所感悟。但此次班会存在一些不足之处。首先，班会课前的准备可以做得更充分。教师没有引导学生搜集相关材料，而是直接陈述，导致效果欠佳。其次，这类课程活动实际上更应体现"做中学"的理念，本节课部分教学方法，如合作学习的开展较为表面，学生未能有效进行分工学习，没有达成预设的更深层次认知活动目标。最后，在40分钟内完成课堂教学，时间较为紧迫，各环节之间的衔接不够紧密，过渡不够自然流畅。此外，在学生回答完问题后，教师可以及时给予更多鼓励和正向评价。

# ④ 学自主管理，圆职业梦想
## ——"'双减'双赢"主题班会

### ▶ 班会背景

2021年7月，为深入贯彻党的十九大和十九届五中全会精神，切实提升学校育人水平，持续规范校外培训（包括线上培训和线下培训），有效减轻义务教育阶段学生过重作业负担和校外培训负担（简称"双减"），中共中央办公厅、国务院办公厅印发了《关于进一步减轻义务教育阶段学生作业负担和校外培训负担的意见》。"双减"政策实施以来，成效显著。随着学生课后自主安排时间的增多，新问题也随之而来：如何引导学生实现自主管理？

在"双减"政策实施前，学生的大量课余时间被课后作业和校外补课占据。面对繁重的学业压力，学生只能将绝大部分的时间用来听课、做作业、补习等。因此，学生缺少对人生目标的深入思考。学生没有明确目标，难以实现学习上的自主管理，更加缺乏对为社会、为国家做贡献的思考。作为班主任，我们应该助力学生树立自己的职业梦想，让这美好的职业梦想成为照亮学生成长道路的明灯。

### ▶ 班会目标

（1）让学生明晰"双减"的意义，认识到自主管理的必要性，并通过自主管理提升自身能力。

（2）让学生清楚自身能力状况，通过活动引导学生明确提升能力的方法，明白提升能力的关键措施在于切实落实自主管理。

▶ **班会过程**

### 环节一　主题导入——感受"双减"，绘美好当下

**1. 谈"双减"政策**

教师：最近，国家为了减轻同学们的"负担"，专门出台了一项政策，你们知道这项政策是什么吗？

学生："双减"政策。

教师：请同学们谈谈"双减"所涉及的"多"与"少"体现在哪些方面？

学生：……（自由发言）

教师："少"即减少作业与校外培训负担，"多"意味着增加课外自主安排的时间。

设计意图：通过师生对话的方式以及教师对"双减"政策的解读，帮助学生了解"双减"政策，明确国家实施"双减"政策的意图，让学生知晓"双减"后拥有大量可自主安排的时间。

**2. 说规划，谈自主管理**

教师：多出的课外时间，你们打算用来做什么？

学生畅谈自己想做的事，教师对学生的回答及时点评与肯定。

教师：大家想做的事很多，每件事都为了提升自己某方面的能力。那么，怎样才能有序、高效、高质量地完成我们想做的事呢？这就需要我们具备自主管理能力，通过自主管理来提升能力。

设计意图："双减"政策实施后，学生有了大量的额外时间。针对这些时间该如何利用，让学生回答，教师点评，并归纳总结，达成共识：利用空闲时间提升自主管理能力。

### 环节二　助力"双减"，培多样能力

**1. 看视频，说能力**

教师：来看看我校"双减"后校园广播电视台的同学们，他们在做什么呢？

引导学生观看《校园广播电视台作品展》。

教师：要完成上面这个作品，需要进行哪些分工？

学生：……（学生自由发言）

教师：完成每一项分工又需要哪些能力呢？

学生：……（学生自由发言）

设计意图：让学生初步认识到完成一件作品或事情，需要具备多方面的能力。

**2. 识能力，辨能力**

教师：你们所理解的能力是什么？

学生：……（学生自由发言）

教师：能力是完成一项目标或任务所体现出来的综合素质。

材料展示：苏炳添是中国短跑运动员，保持着60米和100米亚洲纪录，他在2022年3月3日举行的《感动中国2021年度人物颁奖盛典》上，被评为感动中国2021年度人物。此外，他还是一名高校教师。

教师：作为运动员和教师，苏炳添分别应该具备什么样的能力？

学生：……（学生自由发言）

教师：作为教师，他需要具备感知能力、思维能力、语言表达能力、科研能力、组织协调能力、创新能力以及怀疑与批判能力等；作为运动员，他需要具备感知能力、思维能力、协调性能力、自我驾驭能力、分析判断能力和应变能力等。

教师：请大家观察，教师和运动员所具备的能力有哪些相同点，又有哪些不同点？

学生：……（学生自由发言）

教师：能力分为一般能力和特殊能力。一般能力是从事任何职业都需要的，我们当下的学习更多的是在培养一般能力。不同的职业，对能力的要求不同，这种不同职业所要求的不同能力就是特殊能力。特殊能力与你们梦想从事的职业紧密相关。

设计意图：让学生对能力有初步的了解，知道能力可分为一般能力和特殊能力。

## 环节三　乐享"双减"，促精彩未来

**谈理想职业，明确发展的能力**

教师：你期待的职业是什么？

学生：……（学生自由发言）

教师：大家说得非常好，每位同学都有自己的梦想。梦想为我们前进指引方向，让我们的生活更有意义、更加丰富多彩。为了助力大家更好地实现梦想，接下来我们一起来玩"能力调色盘"游戏。

第一部分：写一写

中心圆圈：期待的职业。

第二层圈：职业需要的能力。

第三层圈：培养能力的方法。

第二部分：方法"换一换"

1. 在自己之前填写的培养能力的方法中，选择两种你认为最值得推荐给大家的方法圈出来。

2. 填写完毕后，活动正式开始。同学们可以在班级范围内，到其他同学那里看看能否找到自己需要的方法，通过赠送或交换的方式获取新的方法，并填在"能力调色盘"的相应位置。

第三部分：分享"说一说"

1. 你拿到的新方法中，哪种方法对你最有用？

2. 这个活动交流过程给你带来了什么启示？

第四部分：践行自主管理"转一转"

完成"能力调色盘"最外围的圆圈内容——具体措施。

教师：学习他人，完善自我；拓展思路，方法多元；聚焦目标，有的放矢；主动行动，提高效率。

它山之石可攻玉，择其善者而从之；拓宽思路开眼界，多元方法行致远；有的放矢明目标，不忘初心得始终；纸上得来终觉浅，知行合一见实效。

教师：同学们，接下来我们进行一项小组活动。大家以四人小组为单位，参考这个例子：若某位同学期待职业是作家，所需能力为写作能力，培养方法是大量阅读，具体措施可以设定为每天晚上睡觉前读书半个小时，每月坚持读完一本书，并请老师和家长监督。每人轮流帮助小组的其他同学，写一条或几条切实可行的计划或者具体执行的建议。完成后，每个小组推荐一名同学，上来和大家分享自己小组的 "能力调色盘"。

学生：……（学生自由发言）

教师：通过大家的共同努力，我们丰富并完善了 "能力调色盘"，相信在这个过程中，大家离自己的梦想越来越近。如果缺乏自主管理，任何好的计划都难以达成。希望大家借助自主管理和良好的方法，用心浇灌你们的能力之树。当能力之树枝繁叶茂时，你们梦想的职业就能实现。未来，你们从事的职业只要是社会所需要的、正当的，都能为社会做出应有的贡献，职业并无高低贵贱之分。你们准备好了吗？请大家为梦出发！

其实 "双减" 减掉了你们繁重的学业负担，让你们有了更多可自主安排的时间。你们要通过自主管理，实现全面发展。当你们具备一定能力时，就能用这些能力回报社会和国家，最终实现自己与国家的双赢——你们赢得未来，国家赢得人才。

设计意图：引导学生畅谈职业梦想，分解职业所需能力。通过 "能力调色盘" 游戏，让学生交流培养能力的方法，明晰能力的培养需要当下努力学习，又需合理规划。引导学生利用 "双减" 后的自主时间进行能力提升，以实现个人成长与国家发展的双赢。

▶ **课后反思**

**1. 效果与感受**

"双减" 政策对于大多数学生而言可能并不陌生，然而，如何规划多出来的

自主时间，却成了很多学生的困惑。通过本节班会课，学生明白了有效管控时间也是一种能力。利用好这些时间，不仅有助于提升学生的规划能力，还能无形中把学生梦想的职业融入其中，可谓一举两得。可能部分学生会觉得从能力到职业规划的跨度有些大，这就关键在于教师的引导和衔接要合理且自然。

### 2. 注意事项

时间管理能力与未来职业规划，对学生而言是较为抽象的概念，短时间内要让学生对此有较为深刻的理解仍有困难。本节班会课借助学生身边熟悉的校园广播站的视频作为切入点，与学生一起探究制作这类视频所需的能力，从而展开对能力的分析与讨论。从学生的分享中能看出，学生对能力的理解还是比较深入的。虽然对于特殊能力和一般能力的界定，学生不是那么清晰，但这也不必过于纠结，重点是让学生通过体验、表达与分享来加深对这些概念的理解。值得注意的是，在班会进行过程中，教师要时刻关注学生的参与度，确保每个学生都有机会表达想法。对于那些理解能力稍弱的学生，教师应适时给予引导与提示，帮助他们跟上讨论节奏。同时，要把控好讨论时间，避免某个话题过度展开，影响班会整体进度。

### 3. 改进与提升

对于本节课而言，如果条件允许，希望授课老师能做一些课前准备。例如，通过问卷星了解学生的时间安排和职业理想，这样可以更加科学、直观地了解学生的基本情况。尽早地帮助学生树立职业理想，有助于学生明确奋斗和努力的方向。至于如何让学生理解能力的培养依赖于平时的学习，这将是今后很长一段时间需要解决的问题。

# ⑤ 人生已起航，生命无返程
## ——生命教育主题班会

### ▶ 班会背景

随着社会的进步，物质条件日益优越，青少年不再为吃穿发愁。然而，他们却容易对未来的道路感到迷茫。复杂的网络环境以及过早的信息化普及，使得中学生更容易将精力分散到与学业无关的方面。一些学生忽视了对人生道路的规划，不重视当下的学习任务，逐渐丧失对未来的主动探索意识。

### ▶ 班会目标

（1）引导学生体会生命的价值与意义。

（2）借助活动的开展以及榜样的引领，助力学生树立正确的生命观和人生观。

（3）通过展示为国家和人民做出重大贡献的科学家的事迹视频，帮助学生树立"为中华之崛起而读书"的信念。

### ▶ 班会过程

#### 环节一　主题导入——认识生命

观看一个感悟生命的短视频（时长1分钟左右）。

教师："儿童急走追黄蝶，飞入菜花无处寻"，告别童年的快乐，同学们迎来"青春须早为，岂能长少年"的少年时代。生命悄然流逝，我们却茫然不知，大家对生命有怎样的认识呢？请同学们认真思考下面两个问题。

问题1：世界上是否存在与你完全一样的生命？我们能否回到过去，改变那些曾让自己后悔的时光？

问题2：小江说他想成为驰骋疆场的军人、遨游太空的宇航员以及改变世界的科学家。那么小江最终会成为什么样的人呢？

学生：世界上没有与我一模一样的生命；我们无法回到过去改变曾经；小江有可能会成为驰骋疆场的军人、遨游太空的宇航员、改变世界的科学家，也有可能成为一个平凡的上班族，或是普普通通大众的一员。

教师：生命的诞生堪称宇宙的奇迹，我们每个人都是独一无二的。同时，生命是一趟单向旅程，从出生开始我们就在走向死亡，这是一个不可逆的过程。我们不能改变生命的起点和终点，唯一能改变的，是如何让生命中的中间过程变得精彩；我们常说"明天和意外，不知哪个会先至"，生命的旅程充满了太多的不确定性，也正因为有太多未知的惊喜，生命之旅才会变得越来越有趣。

设计意图：通过设置问题串，引导学生思考生命的意义与价值。让学生认识到，如何认识生命、对待生命以及思考生命的价值，才是当前最应该关注的问题。

## 环节二 对待人生

教师：在对生命的意义与价值有了初步思考后，我们将目光聚焦到如何对待人生上。

展示素材（照片+文字）：（1）积极面对生活的人；（2）自暴自弃的人。

教师：你们想成为上面哪种人，原因是什么呢？

学生1：我愿意成为积极面对生活的人……不愿意成为自暴自弃的人……

学生2：我愿意成为积极面对生活的人，把笑容传递给身边的每一个人。困难与坎坷无法打败我，乐观是我对待生活的态度。我坚信阳光总在风雨后，一切都是最好的安排。

教师：同学们觉得应该怎样对待自己的人生呢？

学生：……（学生自由发言）

教师：假如你正乘坐的飞机即将坠毁，请思考并写下你最后悔的三件事。

学生：……（学生思考并记录）

教师：与其后悔曾经种种，不如珍惜当下所拥有的，积极乐观地面对生活的每一天。面对复杂多变的未来，积极乐观的态度固然重要，但合理规划也必不可少。不打无准备之仗，不做无准备之事，才能让你的人生更加精彩。请同学们完善自己的人生规划书，为美好的明天谱写动人的篇章。

设计意图：采用对比呈现两种对待人生的方式，引导学生思考并选择向往的人生态度。创设飞机失事这一极端情境，促使学生反思，从而领悟到应珍惜当下，以积极态度和合理规划去经营人生。

### 环节三　规划人生

展示学生提前完成的人生规划书。请学生分享并讲解自己的规划书内容。在学生分享结束后，教师展示自己的规划书。

教师：请同学们结合课堂上的所见、所思、所想，对自己的人生规划书进行修改完善。

教师："纸上得来终觉浅，绝知此事要躬行。"大家制定的规划书，承载着各自的目标，但是"不积跬步，无以至千里"，希望同学们能将规划书上的目标都一一达成。

设计意图：通过展示和分享人生规划书，促使学生在交流中相互启发，深化对人生规划的认知。引导学生依据课堂感悟修改规划，明晰需将规划落实于日常行动。

### 环节四　不负此生

教师：每个人都可以选择自己的未来，也可以把握好当下。请同学们观看视频《不负此生》，谈谈对视频的理解。

学生1：坚持自己的理想，总有一天它会成为现实。

学生2：不为明天过度担忧，但为今天努力奋斗。

教师：没有人会知道坚持下去我们会收获什么，但是我们清楚，如果不坚持，我们将一无所获。抓住所有能提升自己的机会，因为这将决定你们的未来！

我也曾像你们一样年轻气盛，觉得世界之大，而自己如此渺小。同学们，当我们回首往事时，往往会因懊恼和悔恨而自责。请记住，十年后的自己，或许也正在为同样的事情而懊恼。请同学们根据视频《不负此生》为十年后的自己写一封信。如果我能回到十年前，我想我会这样给自己写一封信。

### 给十年后的自己

你好！十年后的那个"我"，我是十年前的"你"。

不知道你是否考上了理想的大学，是否安家在想去的城市。希望你珍惜拥有的一切，努力争取想要的生活。现在的我即将面临人生的分岔路，走进高考的考场，怀揣忐忑的心情为你写下这封信。

也不知道现在的你是否还记得少年时的梦想，小时候的求学之路总是那么远，背上一两周的干粮，翻过两三座大山，去到求学的学校，三五好友、琅琅书声，少年意气。家乡的美好留不住少年的心，见过了城市的繁华，心中不由向往，梦想去到远方，能在霓虹灯光下有一处栖息之地，在更广大的空间发挥自己的潜能。你应该做到了吧！

不要忘记曾经许下的承诺，前路艰辛，你要负重前行，也不要忘记多陪陪家人，以避免失去亲人时因缺少陪伴而感叹的悲痛。改改你的臭毛病，对亲人好一点，珍惜拥有的一切。

我正在努力！努力成为十年后优秀的"你"，努力让自己用脚步丈量世界，用双手创造明天，用知识改变命运，希望十年后的"你"无悔今天的"我"。

教师：希望你们种下一颗种子，在这十年间不停地为它浇水、施肥，为了它的发芽、开花、结果拼尽全力。愿你们不负此生！

设计意图：利用视频的展示，引导学生结合自身经历谈谈对"不负此生"的理解，并结合老师个人的人生经历，利用书信为十年后的自己留下期许，许下承诺，望初心不改，坚持梦想。

## ▶ 课后反思

### 1. 效果与感受

在这次生命教育主题班会中，学生在思考未来职业时有所触动。但谈及人生规划及未来打算，很多学生仍显迷茫，他们一方面对未来充满期待，另一方面又因不知从何下手而踌躇。

在"规划人生"环节中，从学生展示的规划书中可以看出，每个学生都有自己的追求。通过这一活动，教师对学生的规划有了一定程度的了解，同时也促使学生重新审视自身的生活和学习。

在学生写的每一封《给十年后的自己》信件中可以发现，他们已经对未来有了初步的规划和期待。尽管这些规划和期待尚显稚嫩，但对于每个阶段要做的事情，他们已设定了一定目标，树立起"不负此生"的人生追求。

### 2. 注意事项

从本节班会课的标题看，主题为生命教育。但是整个班会课的内容更多侧重于引导学生基于生命观，迈向人生规划。这一点，授课教师务必明确。之所以如此设计，是因为从学生的发言中可以感受到，他们明白了人生的前提是活着，而要让人生更有意义，则要活好，也就是要实现自身的人生价值。

### 3. 改进与提升

从引入到视频展示的过渡语稍显生硬，可适当调整，以激发学生情感，助力他们对人生形成初步理解。在学生制作规划书的过程中，进一步强化他们"不负此生"的意识，使他们进一步感知规划人生的重要性。

前面的铺垫和设计应更完善，这有助于在最后"给十年后的自己一封信"活动中，学生能有更多感触，从而写出更具实操性的规划。在学生回答问题后，教师需给出更多的共情回应和评价语，通过有针对性的表扬，深化学生认知，使活动效果更好。形式上可多样化，但一定要让学生充分思考。

# ⑥ 自强者不息，携梦者天成
## ——远离手机主题班会

### ▶ 班会背景

八年级学生正处于生理和心理快速发展却尚未成熟的阶段。面对现实生活中的挫折和困难，很多学生选择逃避，沉迷于手机游戏、视频、聊天、小说、漫画等虚拟世界，企图在虚拟的世界里寻求个人的"成就感"。这导致许多学生手机成瘾，甚至偷偷将手机带到学校玩。一些学生出现严重的社交障碍，甚至还有个别学生因为父母管控手机而与父母产生冲突。

### ▶ 班会目标

（1）借助视频材料，让学生认识到手机成瘾问题已对大家的生活造成严重影响。

（2）借助生活中的各种案例，让学生了解沉迷手机的危害，从而唤醒学生。

（3）通过探索网络成瘾的心理原理，与学生共同探寻科学摆脱手机成瘾的方法，助力学生最终戒掉网瘾，在生活中寻找乐趣和成就感。

### ▶ 班会过程

#### 环节一　主题导入——古今对比，展手机沉迷之象

小问卷——从古今孩童的课外生活说起

教师：微风习习的二月，"儿童散学归来早，忙趁东风放纸鸢"；烈日当头的七月，"小娃撑小艇，偷采白莲回""意欲捕鸣蝉，忽然闭口立"；还有夕阳下"牧童归去横牛背，短笛无腔信口吹""牧童骑黄牛，歌声振林樾"的少年。短短几句，我们就能从中感受到古代小孩丰富多彩的生活，真让人羡慕不已啊！老师

也很好奇，同学们的课外生活都是怎么安排的呢？

学生1：玩手机。

学生2：看电视。

学生3：看视频、打游戏。

……

教师：看来我们当中很多同学的放松方式都是玩手机。那么，同学们对手机的依赖程度究竟有多大呢？昨天，同学们完成了老师发给大家的问卷调查，现在让我们一起从问卷结果中寻找答案。

展示问卷调查结果。

教师：问卷调查结果显示，手机已然如同校园中的不速之客，化身影响同学们日常相处的"第三者"，严重扰乱大家正常的学习节奏与生活秩序。

### 环节二　视频案例，现沉迷手机之害

案例1：观看中学生沉迷手机导致脑梗视频。

教师：通过老师展示的视频案例，你们觉得沉迷手机还会给我们带来哪些危害？

学生1：长期玩手机会让我们的眼睛越来越近视，这也是周围同学近视人数越来越多的原因之一。

学生2：晚上关灯后长时间玩手机可能会导致失明。

教师：同学们说得很好，长期沉迷手机会给我们的身体带来极大的伤害。低头玩手机对颈椎伤害也很大，容易使脊椎变形；电子产品的屏幕过亮会刺激眼球，造成视觉疲劳，尤其是晚上关灯后，可能对视力造成损伤。

案例2：观看《变形记》中因长期沉迷网络游戏而社交困难、变得冷漠的片段。

教师：长期沉迷网络，除了危害身体，还会让我们情绪变得敏感。大家还知道沉迷网络会带来哪些危害吗？还了解哪些真实存在的案例？

学生1：有的同学因打游戏长期不出门，出现了社交障碍，在现实世界不敢

与人交流。

学生2：长期沉迷网络还会使人脱离社会，精神紧张，严重的会引发焦虑症等心理疾病。

教师：没错，沉迷网络会对我们的社会交往造成很大影响，形成错失恐惧症（FOMO）。错失恐惧症最大的特征是恐惧、焦虑、茫然和敏感，且个体既渴望连接又深度孤独。整日沉迷网络还有可能导致记忆力下降，引发抑郁、焦虑等情绪问题。在网络这个虚拟世界里，有些人会使用虚假身份，导致网络人际关系缺乏真实性，进而引发不信任感和人际关系紧张。特别是性格内向的青少年，在网络中可能会变得更加内向和自我封闭。

学生3：我还看到过一个案例，有人长期沉迷手机游戏，分不清虚拟世界和现实世界，将游戏中的暴力行为在现实中实施，导致网络犯罪。

教师：青少年时期正是人生观和价值观的形成期。学生好奇心强，自制能力弱，极易受到不良思想的冲击。虚拟世界里人际关系随意，容易让他们养成以自我为中心的习惯，特别是网上的暴力、欺诈等内容，会使迷恋网络的青少年道德素质下降，道德观念淡化，价值观念发生扭曲。青少年的生理和心理发育均不成熟，辨别是非能力较差，又具有极强的好奇心和模仿性，很容易混淆现实和虚拟，酿成大祸。

设计意图：通过观看老师收集的视频以及展示学生自己收集的案例，呈现现实生活中沉迷网络给人带来的巨大危害，让学生明白网络危害就在身边，改变这一现状刻不容缓。

## 环节三　剖析原因，解沉迷手机之惑

教师：沉迷手机带给我们的伤害极大，它不仅损害我们的身体，还侵蚀着我们的精神世界。想象一下，100年后的网络沉迷又会给我们带来什么呢？（展示图片对比）网络平台里究竟藏着什么秘密？是什么神奇却又危险的力量，让我们深陷其中、无法自拔？

**1. 沉迷网络游戏的原因**

教师：在打游戏的时候，你们有什么感觉？比如很放松、很高兴、很兴奋或者其他感受？

学生1：感觉很开心。

学生2：每次通关的时候都很有成就感。

学生3：很放松，在游戏里能交到很多朋友。

学生4：很多在现实生活中难以做成的事，在游戏里都能轻松体验。

教师：在网络游戏中，同学们乐此不疲地打怪、过关，甚至不吃不喝都觉得可以，整个人仿佛有用不完的力气，这到底是为什么呢？其实，网络游戏设计运用了心理学知识，一步一步吸引大家：

（1）目标明确且轻松入门：不断提供短期目标，让人持续投入时间。

（2）及时反馈：游戏提供快速奖励机制，形成"努力-及时满足"的循环。

（3）随机奖励机制：类似赌博的开箱设计利用心理学中的"可变比率强化"，让人反复尝试以获取稀有奖励。

（4）沉浸式体验：营造代入感，模糊虚拟与现实的边界。

（5）社交绑定：多人联机游戏通过团队合作、竞争或社交关系增加黏性，增强群体文化的认同感。

教师：游戏为你设定合适的目标，为你找到最近发展区，还持续提供成功体验。这使得人们极易沉浸其中。

**2. 沉迷短视频的原因**

教师：那短视频又是如何让大家欲罢不能的呢？

学生1：视频时间短，可以很好地利用碎片时间。

学生2：它可以根据个人喜好精准推送。

学生3：视频内容新颖多样，很有意思。

教师：其实短视频也同样运用了心理学原理，逐步让大家难以抗拒。具体来说有以下几点。

（1）短时刺激：15～60秒的内容快速触发情绪，大脑释放多巴胺，形成"刷到停不下来"愉悦循环。

（2）算法驯化与信息茧房：AI根据点赞、停留时长等，不断优化推送内容，用户被由"量身定做"的视频包围。

（3）随机奖励：用户对下一个视频的内容无法准确预测，符合"操作性条件反射"效应，即随机的、不可预知的奖励对人的刺激感更强。

（4）碎片化适配：内容短小，完美填充等待、通勤等零散时间，养成高频使用习惯。

教师：互联网平台通过算法刻意增强用户黏性，触发心理依赖，让用户形成条件反射、肌肉记忆的本能行为，使人深度成瘾。

设计意图：通过探究手机痴迷的心理学原因，让学生明确沉迷手机的原因。

## 环节四　对症下药，破手机沉迷之瘾

### 1. 针对中小学生手机管控的各国法律法规

教师：了解了网络平台的套路后，接下来我们该如何反套路呢？你们知道其他国家是怎么做的吗？

学生1：2009年，法国参院通过法案，禁止幼儿园、小学和中学的学生在校园内使用手机。

学生2：我国部分地区从2007年起出台规定，禁止学生在教室使用手机。

学生3：2009年，日本文部科学省要求全国中小学禁止学生携带手机上学。

教师：世界上大多数国家都对中小学生的手机使用进行了明确管控，我国部分地区也出台了一些规定来加强手机管理（展示相关规定）。

### 2. 如何远离手机？

教师：除国家政府层面的要求外，同学们自己又应该怎么做呢？你们有什么好的建议和方法吗？

学生1：可以把手机交给老师或家长管理，每天规定在完成作业后玩一个小时。

学生2：可以丰富课外活动，比如多读书、多运动等。

学生3：建立自己的朋友圈，多和朋友出去走走。

教师：如果你一直沉迷玩手机，那说明你缺少一个比手机更有吸引力的生活环境。因此，我们要创造一个比手机更有意思的生活环境。我们可以尝试以下几种方法来改变当下的生活学习环境。

（1）设定清晰目标与规则：建立适合自己的目标，达成目标后及时反馈，增强自我效能。比如，养成每天反馈、每周总结的好习惯。

（2）社交绑定与情感共鸣：建立积极向上的人际交往圈。比如，建立学习比拼小组，增加线下社交，减少虚拟社交等。

（3）寻找替代活动：培养积极良好的生活习惯。比如，尝试运动、手工、阅读纸质书籍等，替代碎片化娱乐。

教师：总之，同学们应该积极努力地去建立一个有趣的圈子，让自己摆脱手机的束缚，重新拥抱大自然。现在，请同学们通过制定自己的计划并深度实施，再适时寻找一个"激励伙伴"，结成学习对子，这样效果会更好。

设计意图：通过展示各国对中小学生手机管控的法规，引导学生思考应对手机沉迷之策。

### 环节五　积极热情，诵未来期许

教师：我们是充满朝气、不断向上的一代。学校是我们汲取知识的殿堂，是我们扬帆起航的地方。为了自己的未来，让我们共同携起手来，自强不息，携梦前行。

设计意图：充分调动学生的积极性与活力，以促进后续工作的开展和学生行动的持续发展。

▶ **课后反思**

1. **效果与感受**

在观看视频案例和分享沉迷手机事件环节，我明显感受到学生的惊讶和恐慌。他们惊讶于过度沉迷手机的人竟会变得如此冷漠无情、难以沟通；恐慌于自己若长期沉迷于手机，是否也会变成如此，内心充满了想改变却又担心做不到的无助感。

在"解沉迷手机之惑"和"对症下药"环节，学生显得放松且惊喜。他们明白了自己深陷网络泥潭的科学原因，也洞悉了自己是如何一步一步被套路的。最终，学生以反套路的方式，纷纷制定了适合自己的计划。

整个班会，学生的参与度极高，尤其是案例环节，对学生的触动极为深刻。

### 2. 注意事项

教师应在课前做好问卷调查，确保数据尽可能真实可信。这些数据可以是本班的全面调查数据，也可以是网络上的大数据呈现。这样做的目的，是要让学生信服、认可。学生在回答课堂问题时，可能无法全面回答所有问题。因此，教师需要提前预设尽可能多的答案，并在引导中与学生一起恰当地表达出来，这样效果会更好。

### 3. 改进与提升

在"对症下药"环节，学生制定计划显得较为仓促，且班会过后，未对学生的落实情况进行反馈。学生虽制定了计划和妙招，却并未落实或落实得不好，致使班会效果大打折扣。后续可以根据学生制定的计划与落实情况，在班内推行"一天一反馈，一周一展示"的机制。让学生自行结成搭档或良性社群小组，集中就座，以捆绑形式开展班级每周评价，促使班会内容切实转化成日常的点滴改变，最大程度助力学生远离手机。

# ⟨7⟩ 入学新起点，激情正青春
## ——环境适应主题班会

▶ **班会背景**

　　小学升初中是学生心理发展的转折阶段。小学生年龄尚小，在成长过程中，家长、教师及社会各界给予了较多呵护与关怀。因此，在刚进入中学时，学生往往会有诸多不适应。同时，学生的生理和心理也进入快速发育阶段，这会给学生带来更多压力。再加上中学学习节奏的改变，学生会遇到新的挑战。为让学生尽快适应新的学习环境，设计了这堂与适应相关的主题班会，旨在帮助学生尽快适应初中的学习与生活。

▶ **班会目标**

　　（1）帮助学生快速适应新的学习环境。

　　（2）帮助学生学会自我调适，认同自身变化，并树立初中阶段的目标。

▶ **班会过程**

### 环节一　主题引入

　　教师：同学们，祝贺你们升入新的学段——初中。在新的征程中，你们即将迎来新的挑战，希望你们都能有新的收获。开学初期，我发现有些同学很紧张，不太愿意主动与老师、同学交流，在课堂上也不敢展示自己的风采和学识，有诸多不适应。那么，今天这节课，我们就来聊聊如何快速适应新的学习生活。首先，我们一起来做一个游戏"快乐抓手"。游戏规则如下：

　　四人一组，每人右手食指朝上，左手掌心朝下，盖在相邻同学的右手食指上。当我在朗诵过程中说"快乐"二字时，你们需要快速收回自己的右手食指，同时左手快速抓住旁边同学的右手食指。

设计意图：刚进入新学段，学生不仅对学习氛围不适应，同学间关系也较为生疏。为了让学生快速适应节奏，特别设计这个游戏，在学生适应老师节奏的同时，也能促进同学间的交流。该游戏不仅活跃了课堂气氛，也增进了同学之间的情谊。

教师：刚才的游戏中，在第一次出现"快乐"二字时，只有两位同学抓住了对方的手指，越往后，能成功抓住的同学越多。你们能告诉我，这是为什么呢？

学生1：抓别人的手，感觉有点不礼貌，也有点不好意思，刚开始是在试探性地去抓。当看到其他组的同学积极参与互动，便给了我信心。越往后，大家都克服了陌生感，慢慢适应了游戏的节奏，所以成功率就提高了。

学生2：同学刚刚提到了节奏，两只手操作不同的动作需要一个适应过程。慢慢地，大家积累了经验，动作也逐渐协调了，所以抓到对方食指情况明显增多。

设计意图：通过"快乐抓手"游戏，以趣味性活动打破学生初入新学段时在学习氛围及同学关系上的隔阂，引导学生在游戏互动中理解适应过程，助力其克服陌生感，提升适应能力。同时培养学生对现象的观察与思考能力。

### 环节二　适应进位

教师：在刚才的游戏中，我感受到大家强大的适应能力。实际上，你们还有一项很出色的能力，那就是数数。

播放视频：视频介绍中国古代的进位制。

教师：同学们，你们能从生活中举例说明十二进制、六十进制的应用吗？

学生1：我知道十二进制在生活中的应用，像手表时针转一圈是12个小时，一天是12个时辰，一年是12个月。

学生2：我还知道一只手（不包括大拇指）有12个指节。

学生3：中国古代设有12地支，并且与12种动物对应，形成了十二生肖。12地支还与一天的12时辰对应。

学生4：古巴比伦还有黄道十二宫，传承到西方文化中，则将一年分成了12星座。

学生5：在一些英制单位中也用到了十二进制，比如一英尺等于12英寸，金衡制中一金衡磅等于12金衡盎司，还有一先令等于12便士。

教师：同学们的阅读面非常广，知识储备丰富，光十二进制就列举出了这么多例子，非常棒。那么六十进制呢？

学生6：一分钟是60秒，一小时是60分钟。

学生7：圆周角是360°，每一度是60分，每一分是60秒。

教师：除了同学们提到的，在时间计量等方面，六十进制还有独特的应用。在中国农历中，还存在六十甲子的概念，天干与地支经一定的组合方式搭配成六十对，为一个周期（见表3-1所列）。

表3-1 天干地支次序表

| 序号 | 名称 | 序号 | 名称 |
| --- | --- | --- | --- |
| 1 | 甲子 | 11 | 甲戌 |
| 2 | 乙丑 | 12 | 乙亥 |
| 3 | 丙寅 | 13 | 丙子 |
| 4 | 丁卯 | 14 | 丁丑 |
| 5 | 戊辰 | 15 | 戊寅 |
| 6 | 己巳 | 16 | 己卯 |
| 7 | 庚午 | 17 | 庚辰 |
| 8 | 辛未 | 18 | 辛巳 |
| 9 | 壬申 | 19 | 壬午 |
| 10 | 癸酉 | 20 | 癸未 |

| 序号 | 名称 | 序号 | 名称 |
|------|------|------|------|
| 21 | 甲申 | 41 | 甲辰 |
| 22 | 乙酉 | 42 | 乙巳 |
| 23 | 丙戌 | 43 | 丙午 |
| 24 | 丁亥 | 44 | 丁未 |
| 25 | 戊子 | 45 | 戊申 |
| 26 | 己丑 | 46 | 己酉 |
| 27 | 庚寅 | 47 | 庚戌 |
| 28 | 辛卯 | 48 | 辛亥 |
| 29 | 壬辰 | 49 | 壬子 |
| 30 | 癸巳 | 50 | 癸丑 |
| 31 | 甲午 | 51 | 甲寅 |
| 32 | 乙未 | 52 | 乙卯 |
| 33 | 丙申 | 53 | 丙辰 |
| 34 | 丁酉 | 54 | 丁巳 |
| 35 | 戊戌 | 55 | 戊午 |
| 36 | 己亥 | 56 | 己未 |
| 37 | 庚子 | 57 | 庚申 |
| 38 | 辛丑 | 58 | 辛酉 |
| 39 | 壬寅 | 59 | 壬戌 |
| 40 | 癸卯 | 60 | 癸亥 |

设计意图：借由介绍中国古代进位制，拓宽学生对数学历史知识的视野，让他们知晓计数方式的演变并非一蹴而就。引导学生列举生活中十二进制、六十进制的应用实例，锻炼其知识联想与归纳能力，促使学生发现生活中隐藏的数学规律。通过古今中外不同进位制应用的探讨，培养学生多元文化意识，感受人类智慧在不同领域的体现，进一步强化学生对自身学习及适应新事物能力的信心。

教师：如果按照对应的进位方式，同学们能说出十进制数53的二进位制数是多少吗？

学生8：是110101。

教师：你是怎么换算的呢？

学生9：我采取的是"除2取余法"来换算的。53除以2，商为26，余数为1；再把26除以2，得到商为13，余数为0；依此类推，将每一步得到的余数倒序排列，就得到53的二进制数为110101。

教师：看来你们已经掌握进位制的换算原理了，那你们能否把十进制数53转换为六进制数呢？

学生10：还是用短除法，得到53的六进制数为125。

设计意图：通过不同进位制换算的练习，引导学生迅速适应新算法。学生能快速得出答案，体现其对新知识的适应力，让他们明晰凭借既有逻辑思维与数学基础，可顺利适应并掌握新知识，实现知识的迁移。

### 环节三 情感交流

教师：通过同学们对进位制的认识和探索，结合自己刚升入初中的情形，你们想到了什么？大家各抒己见。

学生1：只要我们运用熟悉的计算算理，就能得出对应的进位制数。这告诉我们，当接触新事物时，只要充分明白其实质，就能很好地适应新环境，快速处理新问题。

学生2：通过和同学们交流，我感受到中华传统文化的博大精深，这激发了我们的爱国主义情感。

学生3：如果没有进位制，从1到100就需要100个不同的符号来标记，这既麻烦又难记。而我们现在用的十进制，只需记住0到9这10个符号就行。古人的智慧令我们深感敬佩，我们应该在前人基础上，勇于探索未知，敢于迎接新挑战。

教师：对于你们的升学，还有一群人忧心忡忡，这群人就是你们的父母。那么他们又会有什么话想对你们说呢？

播放提前录制好的家长视频。

教师：在新的学习环境中，怎样让自己更快适应呢？请大家分成小组进行讨论，之后派代表分享你们的看法。

学生3：我们小组经过讨论，梳理出了以下几点想法。

（1）要听从老师的安排，按照老师的要求做好相关的学习准备。

（2）经过六年的小学学习，我们已经养成较好的学习习惯，并具备一定的思维能力。因此，我们有足够的自信去应对新的问题。

（3）当遇到新难题时，我们需要独立思考，凭借已学知识和思维能力去解决问题。但我们的学习能力存在差异，因此当遇到困难时，也可以向老师或同学请教，进而积累新的方法。

（4）在适应过程中，我们要严格要求自己，明确目标，这样才能朝着正确的方向前进。

设计意图：借助小组合作与深度思考，鼓励学生大胆交流，使其明白适应新环境的方法多种多样。相互之间的探讨能够触动心灵，增进理解和共鸣，最终将所学应用到实践中。

### 环节四　结束语

教师：我们的祖先在使用进位制时，将其应用在杆秤上。请同学们观看视频。
播放《一把杆秤》的视频。

教师：一把杆秤告诉我们，心中要有方向，要坚信自己能行。

设计意图：借杆秤运用进位制这一古人智慧结晶，类比学生当下适应新环境的过程。杆秤精准称重需找准星位，恰似学生在新环境中要明确方向，凭借坚定信念稳步前行，助力学生将知识感悟转化为适应新环境的内在动力。

▶ **课后反思**

1. 效果与感受

同学们在参与互动环节游戏时表现得比较活跃，氛围逐渐热烈，暖场效果十分明显。在学生举例说明十二进制、六十进制的应用时，如果没有提前准备，很有可能达不到预期的效果。对此，教师也不必苛求，让学生自由表达即可。从进位制的活动学习过渡到适应新环境这个主题，乍看有些突兀，但本质是相通的，即多了解新鲜事物有助于我们更好地认识它。

### 2. 注意事项

在"快乐抓手"游戏环节，听从教师的指令至关重要，但我只着重强调了游戏规则，忽视了学生的内心感受。所以教师从一开始就要有一个情感上的引导，让学生从陌生走向信任。在最后的小组讨论中，教师要给学生指明思考的方向。

### 3. 改进与提升

在进位制的换算环节，趣味性有所欠缺。在进行小组总结分享时，教师可以鼓励更多的同学参与梳理。对于他们观点的点评不一定全部由老师来完成，教师可以采用组内点评、其他同学点评等方式，让课堂活跃起来，实现自评、生评、师评，以及全体学生共评。

# 第四章

# 保持童心，活动育人

随着新课程改革的推进，综合实践活动课程应运而生。作为国家规定的必修课程，班主任在这门课程的开发与实施中拥有一定的主动权。该课程旨在让学生学会有意义的学习：一方面，让知识回归真实的生活情境；另一方面，强调从学生的生活和兴趣出发，引导他们高质量地生活，进而提升学生的综合素质与能力。

班主任不应只是问题的解决者，哪里有问题就处理哪里，而应主动出击，未雨绸缪，指导学生充满激情且富有创造性地生活。通过开展富有班级特色的综合实践活动，重塑教育的形态，改变教师本位的局面，形成民主、平等的师生交往氛围。

综合实践活动要注重学生的主动策划和参与。在实践中，培养学生良好的品德，发展个性特长，锻炼意志品质；同时，在集体活动中培养学生的团队精神与合作意识，增强班级凝聚力。良好的活动氛围能让学生感受到爱和温暖，而这种温暖将成为他们内心力量的源泉，伴随他们一生。

作为新时代的班主任，我们要改变模式化和形式化的活动方式，让活动富有童心、童趣，富有时代气息。具体而言，一是要打开门，聆听窗外的声音，拓展教育资源。实践活动不应局限于一间小小的教室，操场、公园、图书馆等户外场地，同样可以成为开展活动的环境和空间。二是要联系更多的"他人"：可以采访调查，可以邀请专家，还可以请家长参与其中。三是鼓励学生在真实的场景中采用多样化的学习手段，获得第一手资料，积累真实的经验。总之，学习在窗外，他人即老师，世界是教材。

当然，班主任策划一次或几次特色活动并非难事，难的是如何依据本班学情，因材施教，建构具有层次性、序列化的综合实践活动课程体系。因此，班主任应时刻秉持一颗童心，更新课程意识，创新活动形式，从而创造出意料之外、充满惊喜与快乐的活动体验。

教育不应只有单一的色彩，而应借助富有班级特色的综合实践活动，彰显每一位学生的独特光彩。充分调动学生的非智力因素，有助于学生实现多元化成长。

# ① 童心飞扬，与爱同行
## ——促进和谐亲子关系主题活动

### ▶ 活动背景

步入青春期的孩子，身体在发生着变化，心理成长也亟待走向成熟。青春期的孩子自我意识高涨，他们渴望独立、获得尊重，并追求自由。他们在与父母沟通时，难免因意见不合而产生争执，甚至有时会产生赌气情绪。为了增进孩子与父母的沟通交流，促进和谐亲子关系的形成，本次班级活动邀请全班同学及其家长共同参加。期望孩子在活动中能保持童心，与爱同行，与父母一同享受美好时光，感受亲情的美好。

### ▶ 活动目标

（1）通过活动，让学生和家长体验活动乐趣，增进亲子之间的情感。

（2）借助此次活动，加强家校之间的联系，形成共同教育合力。

### ▶ 活动开展

#### 一、快乐游戏，欢乐氛围

教师：欢迎大家来到七年级六班"童心飞扬，与爱同行"六一特别活动现场。感谢各位家长、同学、老师的到来。现在，我们即将开展第一个游戏"你比我猜"。

游戏规则：由作为主持人的教师提前准备好一个词语，每一个小组选一位同学和一位家长一起上台比画词语的意思，不能用语言描述，让其他所有的家长和学生一起来猜，猜对有小奖品。

教师：接下来有请第一小组上来准备。

第一组比画的词语是"美人鱼"，只见有的家长用手描绘鱼的形状，有的孩子在家长旁边模仿游来游去的动作，很快有人开始猜："鱼""鲸鱼""鲨鱼"……场面热闹非凡。终于，一位同学大声说出："美人鱼！"

教师：恭喜这位同学获得精美小奖品一份。

十轮游戏过后，教师继续宣布第二个游戏。

教师：我们的第二个游戏是"背对背拥抱"。

游戏规则：学生与家长背靠背向前走，每组8位同学及其家长参与，从起跑线出发，到达对面裁判员所在的位置后再返回起点。前三名返回起点的同学及家长有奖励。

教师：现在有请第一组同学及家长站在起跑线上，预备，开始！

只见有的家长和孩子背靠背横着走，有的家长背着孩子向前跑，不过很快就因体力不支，进行速度逐渐放慢。在后半程，孩子背着家长完成了游戏，现场一片欢声笑语。为了完成比赛，大家都全力以赴。最后，主持人为每组比赛的优胜者颁发了小奖品。奖品虽小，但孩子和家长一起度过的愉悦时光却十分珍贵。

设计意图："你比我猜"游戏，凭借其全员可参与的特性，极大地激发了现场活力，促使家长与学生迅速融入活动，打破隔阂，构建起轻松和谐的互动基调，为后续环节铺垫良好氛围。而"背对背拥抱"游戏，则巧妙利用身体接触这一独特形式，针对青春期亲子关系特点，助力孩子克服羞涩心理，在协作挑战中拉近亲子距离，让双方于欢乐竞赛中真切感受彼此陪伴的温暖，深切体悟亲子情谊的珍贵。

## 二、午餐分享，回味无穷

在活动开展之前，我给每位学生提前布置了如下任务。

（1）提前一天制作野餐，每人只带一种或两种食物。

（2）食物必须由学生自己动手制作，不能让家长帮忙。

（3）注意控制食物分量，避免制作过多。

上午游戏环节结束后，我们开启了小组午餐分享时光。孩子们纷纷拿出自己制作的食物，有寿司、凉面、钵钵鸡、烤鸡翅……品类丰富多样。父母品尝着孩子亲手制作的美味，脸上洋溢着幸福的笑容。与此同时，孩子们与同组的小伙伴、家长们一起分享彼此的食物，交流制作食物的心得，共同度过了一段欢乐的午餐时光。

设计意图：让孩子亲手给父母做一顿午饭，能使孩子体会到父母平日里在家做饭、照顾他们的辛苦，也能让家长为孩子的成长感到幸福。同组的学生和家长一起分享食物，有助于加强小组的交流互动，增进小组成员之间的感情，共同享受愉快的午餐时刻。

### 三、看图猜人，讲述故事

教师：昨天，我们收集了许多同学小时候的照片，接下来，我们将随机抽取一些照片，请大家根据照片猜猜这是谁。被猜中的同学或家长，请与我们分享一下照片背后的故事。

第一位被猜中的是王同学，他分享道："这是我第一次戴红领巾时的样子。当时刚上小学，成为一名少先队员，第一次向红旗敬礼。"家长满脸骄傲地看着孩子。

第二位被猜中的是李同学，这是一张他幼儿时期的照片，李同学对这张照片毫无印象，家长说道："这是我们全家第一次去拍艺术照。当时李同学还小，一逗他就笑，摄影师都夸赞这个孩子太可爱了。"

……

孩子和家长看着一张张照片，回忆着孩子过去天真可爱的模样。孩子成长的一幕幕瞬间，仿佛就发生在昨天。再看着现在孩子长大的样子，家长眼里满是骄傲，有的家长情不自禁地牵起孩子的手，拥抱在一起。

教师：孩子的每一个成长瞬间，都是父母珍贵的回忆。父母所在之地，永远是孩子温暖的港湾。此刻请拥抱你们的父母，未来的路很长，有父母相伴真好。希望大家永远保持童心，与爱同行！

设计意图：小时候的照片总会勾起孩子和家长的诸多回忆。让家长和孩子在班上分享自己的幸福时刻，能将幸福传递到每个人的心里，同时，也让孩子感受到父母对自己的爱，让父母感受到孩子成长带来的幸福。最终点明本次活动"童心飞扬，与爱同行"的主题。

## ▶ 活动总结

### 1. 效果与感受

本次活动举办得颇为成功。活动场地选定在公园，其开阔的视野使人心旷神怡，为活动的顺利开展营造了有利的环境。整体活动氛围欢乐且有趣，极大地调动了孩子和家长共同参与的积极性。大家一同度过了愉快的一天，给孩子和家长留下了一段美好的回忆，有力地促进了和谐亲子关系的形成。

### 2. 注意事项

（1）在游戏选择方面，应尽量挑选能让多人参与的游戏，确保每个家庭都能充分获得游戏体验。

（2）在游戏活动过程中，一定要注意孩子和家长的安全。

### 3. 改进与提升

（1）可适当增加游戏环节，为家长和孩子创造更多亲密的接触机会，这样，活动效果可能会更好。

（2）在"看图猜人，讲述故事"环节，可让家长和孩子都携带一些对自己具有特殊意义的照片，并让孩子和家长都说一说照片背后的故事，这样活动效果可能会更好。

# ② 他的肩膀，你的高度
## ——增强班级凝聚力主题活动

### ▶ 活动背景

一个班集体，若拥有强大的凝聚力，便会无往不胜。团结在其中起着至关重要的作用。试想，倘若一个班级的同学皆自顾自，那么这样的班级就如同一盘散沙，难以管理。一个优秀的班集体既不会自发形成，也不会随着时间的推移自然成形。唯有通过班主任的组织、引导以及班集体全体成员的共同努力，才能够逐步培养出真正意义上的优秀班集体。

### ▶ 活动目标

（1）通过本次活动，加深学生彼此间的了解，为建立深厚的班级情谊打下良好的基础，进一步增强学生对班级的自豪感和认同感。

（2）通过共同参与游戏，于欢乐氛围中，让学生感受班级的温暖，进而增强班级凝聚力。

（3）通过共同制定班级公约，塑造独特的班级文化。

### ▶ 活动开展

#### 一、故事引入——他的肩膀，你的高度

教师：美国加利福尼亚大学的学者曾进行过一项实验：把六只猴子分别关在三间空房子里，每间两只。房子里分别放置了一定量的食物，但这些食物放置的位置和高度各不相同。几天后，当工作人员打开房间时发现，六只猴子的生存状态截然不同：第一间房子里的猴子一死一伤，第二间房子里的猴子全死了，唯独

第三间房子里的猴子安然无恙。原因不难理解：第一间房子里，地上唾手可得的食物，激起了猴子膨胀的私欲，致使两只猴子大打出手，结果非死即伤；第二间房子里，悬挂在屋顶、高不可攀的食物，让两只猴子在无望中互相感染着悲观情绪，彼此孤立，最终在饥饿和绝望中死去；只有第三间房子里的猴子，在独自跳跃取食难以成功时，同时想到了对方。于是，一只猴子站在另一只猴子的肩上，取下了食物。两只猴子在叠罗汉式的组合中，惊奇地发现了一种新的高度，不仅得以饱食，而且在后来离开了这间房子还相亲相爱。

教师：这则故事给你们带来什么样的启示？

学生：……（学生自由发言）

教师：其实，人与人之间的相处类似于这六只猴子的境况。互相斗争和孤立，都会加速灾难的降临。每个人都有自身的优势和局限，当感觉到自己的力量不足时，借助他人的力量，可能会帮助你达到新的高度。当困难袭来时，需要记住的是：你或许需要他的肩膀，他或许需要你的高度。

设计意图：以故事引入，容易引起学生的兴趣，便于自然地引出主题。学生的发言可以让教师了解他们的想法，有利于教师更顺利地开展后续活动。

## 二、游戏环节，团结协作

### 1. 小游戏——蒙眼过障碍

教师：下面我们来做一个游戏"蒙眼过障碍"。

游戏规则：用凳子和桌子搭建一个障碍区；游戏要求一位学生，第一次蒙上双眼，独自翻越障碍区；第二次在两位同学的搀扶下再次翻越；第三次在同学搀扶且有适当口令指导的情况下再次翻越。每次翻越都做好计时，并对结果进行对比（游戏可邀请多组同学参与）。

### 2. 小记者采访

教师：请同学们回答以下问题。

（1）三次计时的结果差距说明了什么？造成这种差距的原因是什么？

（2）在游戏中你有什么感受？

（3）通过这个游戏，思考团结互助的意义是什么？

学生：……（学生自由发言）

设计意图：紧张热烈的游戏氛围充分调动了参与者和旁观者的感官，让学生在体验中深刻领悟团结互助的重要性。

### 三、优点轰炸，制定公约

教师：请同学们说说班中的好人好事，并评评他人的优点。

学生1：我的同桌心地善良，学习刻苦，乐于助人。每当我遇到难题向她请教时，她再忙也会热心地帮我解决难题。有时，讲了一遍我仍不太明白，她还会耐心地跟我再讲一遍，直到我弄懂为止。所以，我在这里要真诚地向她道一声：谢谢！

学生2：上个星期二，我不小心扭伤了脚，行动很不方便，心里也特别难过。但是，那么多老师和同学向我伸出了援助之手。老师帮我补习落下的内容，有的同学帮我打饭，有的同学扶我上卫生间，有的同学背我上教室……我深深地感受到了大家对我的关怀和集体的温暖。我想，在以后的学习生活中，我也会尽我所能为大家服务，为把我们的班集体建设得更好而贡献力量。

教师：我们每个人都有自己的优点，希望大家心里都能记住彼此的优点。现在，让我们把这些美好都融入班级公约。接下来，给大家10分钟时间，讨论属于我们自己的班级公约。

设计意图：通过制定班级公约，学生认识到集体的荣誉是靠每一位学生点滴贡献汇聚而成的。在集体中，学生各有所长，而具备为集体奉献的热心是凝聚集体力量的核心。由学生集体讨论制定的班级公约，对学生更具有公信力和约束力。

▶ **活动总结**

#### 1. 效果与感受

本次班会活动开展得较为成功，整体氛围欢乐融洽。一个班级的凝聚力，在很大程度上决定了其发展前景。要培育班级强大的凝聚力，制定共同的公约至关重要。由班集体共同制定的公约，学生更愿意自觉遵守，对学生具有更强的约束力，能更有效地凝聚班级力量，引导学生朝着共同目标奋斗。

### 2. 注意事项

（1）游戏环节要注意把控时间。

（2）班级制定的公约务必要得到全班同学的认可，且易于执行，具有较强的可操作性。

### 3. 改进与提升

（1）若时间充裕，可增设一个游戏环节，让学生更深刻地体验团结的力量。

（2）增强班级凝聚力是一个长期的过程，不能仅依靠一次班级活动达成。班主任可多设计一些增强班级凝聚力的活动，以更好地建设班集体。

# ③ 美丽的心灵底色
## ——学会欣赏他人主题活动

### ▶ 活动背景

进入青春期的学生，自我意识不断增强，同时也十分在意他人的看法。一些学生从小在宠爱中长大，习惯了接受他人的赞美，却很少欣赏和赞美他人。这致使他们在看待人和事时比较偏激，内心缺乏对他人的尊重和理解，情绪容易在自卑与自傲两极间波动。在学校生活中，他们往往难以与周围的同学、老师建立起和谐、友善的人际关系，从而使自己陷入孤立的状态。因此，在班级中开展"学会欣赏他人"主题活动极为必要。

### ▶ 活动目标

（1）通过活动，让学生学会欣赏他人，并理解在欣赏他人的同时自己也能收获快乐。

（2）通过讲述同伴的优点、欣赏同伴，加深同学间的相互了解，增进学生之间的感情。

### ▶ 活动开展

#### 一、活动激趣，导入新课

教师：请问你们看到了什么？（出示一张中间有一个黑点的白纸）

学生：只是一个黑点，没什么特别的。

教师：这张纸就如同一个人，大面积的白色代表着人的优点，而这显眼的黑色恰似人的缺点。倘若我们只盯着别人的不足，便很难发现他们身上的长处。但是，如果我们学会欣赏、善于欣赏，就会发现自己的身边处处都洋溢着美好。

教师：这节班会课我们就来探讨"学会欣赏"。请同学们深情诵读《给心灵美丽的底色》。

### 给心灵美丽的底色

窗户脏了，

看到的一切都不再干净；

心灵脏了，

世上的所有都不再美好；

擦亮心灵的窗户，

尽情欣赏世间的美好，

那么，给心灵带上彩色的胶卷，

你会发现残缺中也有美妙。

教师：谁来说一说，"给心灵美丽的底色"是什么意思呢？

学生1：心中装着美好。

学生2：多看看别人的优点。

教师：是的，同学们！只要你们心里充满美好的情感，你们看什么都会多一份情趣、多一份快乐！你们还会发现别人发现不了的美。别人也会因为你们的欣赏而增添一份快乐，甚至从你们的欣赏中获得新的力量。

设计意图：以白纸黑点的直观呈现，迅速抓住学生注意力，引发其对人优缺点的思考，巧妙引出主题"学会欣赏他人"；借诗歌诵读与讨论，让学生初步感悟欣赏他人的内涵，营造积极开放的课堂氛围，为后续深入探讨做足准备。

## 二、故事欣赏，感悟美法

教师：请同学们听下面的故事。

在非洲，有一个很有趣的部落，名叫巴贝姆巴族。他们至今保留着一种古老的生活仪式：当族里某个人犯了错误时，族长便会让他站在村落中央公开亮相。

每当这个时候，整个部落的人都会放下手中的活儿，从四面八方赶来，将这个犯错的人团团围住。

他们按长幼依次发言，告诉犯错之人，他今生曾经为整个部落做过哪些好事。每个族人都必须真诚地叙述其优点和善行，既不能夸大事实，也不允许言辞不当，也不能重复别人已经说过的赞美。整个赞美仪式，要持续到所有族人都将正面的评语说完为止。而犯错之人总会在这种特别的仪式中受到极大的震撼，族人们那些赞赏的语言让他看到了自己的价值和优点，心里充满了感激。受到这样的教育，犯错之人一般都能改掉错误。

教师：现在，请同学们展开丰富的想象。犯错之人在经过这个赞美仪式后，他的内心会有怎样的心理变化呢？同样，从四面八方赶来的参加赞美仪式的族人们，在参加完赞美仪式后又会有怎样的心理感受呢？

学生：……（学生自由发言）

教师：欣赏是一种善良，欣赏与被欣赏是一种互相支持的力量源泉。欣赏不是施舍，也不是恩赐，它是无功利心的真诚赞美，总是不经意地自然流露。

设计意图：通过讲述巴贝姆巴族的故事，能让学生感受到赞美一个人比批评一个人更具意义和价值，从而引导学生学会用欣赏的眼光去接纳他人，认识并欣赏他人的意义和价值。

### 三、游戏互动，赞许他美

教师：其实，人人都有欣赏的眼光，人人都渴望被欣赏。但是，欣赏物品容易，欣赏人较难；欣赏远离自己的人容易，欣赏身边的人难；欣赏家人和自己容易，欣赏他人则较难。这主要是因为人类共有一个特点——自己的，是最好的。于是，我们往往会忽视他人的优点和长处，甚至嗤之以鼻……

教师：下面，就让我们一起来做一个"优点轰炸"的游戏吧。

#### 分组游戏——优点轰炸

第一步：每个组员轮流作为中心人物，其他组员对其优点或所欣赏之处（如性格、外貌、处事方式等）进行称赞，只说优点，态度要真诚，努力去发现别人的长处，不能毫无根据地吹捧，那样反而会伤害别人。被称赞的成员需要说出哪些优点是自己以前知道的，哪些是未曾意识到的。

第二步：每个成员轮流成为中心人物，被大家戴一次"高帽"。

教师：组长适当把握节奏与进度，并为每位成员准备一张卡片，简要记下其他组员对他的称赞（优点），最后作为礼物送给这位组员。参加者要注意体会以下几点：

（1）被人称赞时的感受如何？

（2）如何用心去发现他人的长处？

（3）怎样成为一个乐于欣赏他人的人？

教师：每一个同学都有自己的优点，我们应该多看到别人的优点，学会欣赏别人，这样我们才能感受到更多的温暖。被欣赏是一种幸福，欣赏别人则是一种美德，它会带给你宽阔的胸襟和更多的快乐。

设计意图：通过游戏，引导学生用心去发现同学身上的优点，并用心聆听同学对自己的夸奖。在游戏中，学生逐渐意识到同学更欣赏自己的哪些方面，这有助于他们更好地认识自我，进而扬长避短。同时学生也感受到欣赏与被欣赏的幸福，从而激发他们欣赏他人的欲望。

## 四、动笔作画，化疵为美

教师：缺点就像白纸上的墨点。不要只盯着那个墨点不放，因为外面还有大片洁白的空间。即使你真的只看到了那个墨点，也请想想办法，试着去改变它，或许墨点也能变得美好。现在请同学们在图4-1所示的白纸上作画，围绕这个墨点，将它转化为你们心中美好的一部分。

我看到白白的纸上有一个墨点，

我为它画上＿＿＿＿＿＿＿＿＿＿＿＿

它变成了＿＿＿＿＿＿＿＿＿＿＿＿

图4-1　带墨点的白纸

教师：生活中不缺少美，而是缺少发现美的眼睛。我们要学会欣赏他人的长处，并将这些长处作为自己不懈努力和进取的动力。同学们，请用欣赏的心态对待身边的人吧！在欣赏的目光和氛围中学习生活，你们会发现生活中的一切都很美好。学会欣赏他人，我们的胸襟会变得更加宽广，生活也会更加愉悦。我相信，用欣赏的心态和眼光待人行事，我们的人生将进入一个更高的境界。

设计意图：通过将缺点具象化为白纸上的墨点，引导学生动手创作改变墨点，促使其直观理解接纳并改变缺点的理念，同时培养学生欣赏他人长处、以积极心态对待生活的意识，提升其精神境界。

## ▶ 活动总结

### 1. 效果与感受

通过开展此次活动，学生明白了如何欣赏他人，领悟到欣赏他人的重要意义。学会欣赏他人，既是对他人的尊重，也是推动自身进步的动力。借助各类活动，让学生在具体情境中亲身体验、了解欣赏他人所带来的美好。各个环节之间过渡自然，过渡语使得整个活动流程递进有序、承接自然、流畅连贯。

当然，仅靠一节课就让学生完全掌握欣赏他人并不现实。学会欣赏他人，是一项长期的修炼。因此，在今后的教育教学工作中，我会将欣赏他人的教育融入其中，让其进一步深入人心，逐步内化为学生的行为准则。作为言传身教的教师，我们更应以身作则，先学会尊重学生，欣赏学生的优点，共同营造一个互相尊重、和谐友爱的成长环境。

2. **注意事项**

（1）活动的设计一定要结合本班实际情况，切不可完全照搬。不同班级对于这堂班会课有着很大的突破与创新空间。

（2）在游戏环节，教师要做好正确引导，确保学生的评价客观、中肯，要求他们举出具体实例，避免空谈和闲聊，以保证评价的质量。

3. **改进与提升**

（1）因活动内容较多，前面部分讲解过快，可能导致学生对目标认识不够清晰，使得后面的活动流于形式，不够深入。因此，前面的活动和故事还可进一步精简。

（2）在游戏环节，可让学生在课前适当做些准备，当诉说同学的优点时，尽量以具体事例为依据，这样更便于受表扬者接受。

（3）诗歌朗诵环节可让全体学生一起参与，同时，教师的普通话要标准，朗诵时应饱含感情。

（4）在故事启迪部分，可增加展示班上的真人真事，让学生更有切身体会。

# ④ 学会时间管理，做时间的主人
## ——学习时间管理主题活动

### ▶ 活动背景

刚步入初中的学生，正处于成长的关键时期，心理和生理都经历着巨大变化。由小学升入初中，他们面临学习科目增多，难度增大的情况。与此同时，自主学习时间增多，虽然有家人和老师的关心和关注，外界诱惑却不断增大。因此，一些学生无法合理安排学习时间，难以迅速进入学习状态。鉴于此，开展"学习时间管理"主题活动具有现实意义和必要性。时间宝贵，稍纵即逝，既无法重复，也不能倒流。本次活动旨在引导学生充分利用时间去做有意义的事，助力他们科学管理时间，提高学习效率，避免虚度光阴。

### ▶ 活动目标

（1）通过活动，让学生认识到时间的短暂与宝贵，学习提高时间利用效率的方法。

（2）通过活动，培养学生管理时间的能力，使其懂得根据事情的轻重缓急合理分配时间，在恰当的时间做正确的事。

（3）通过活动，引导学生学会珍惜时间，成为时间的主人，从而把握人生方向，为实现理想而奋斗。

### ▶ 活动开展

#### 一、感受时间

播放视频《苍蝇的一分钟》。

视频内容讲述了一只苍蝇,自出生起仅有一分钟的生命。在这一分钟里,它争分夺秒地完成自己的梦想清单。最终,在生命的最后一刻,它成功达成了所有目标。

教师:一分钟能干什么?也许只是电脑的开机时间,也许只是发一条微博的时间。如果你的人生只有一分钟,你会如何抉择?但是对于这只仅有一分钟生命的苍蝇而言,这一分钟就是它匆匆的一生。这只不甘平凡的小苍蝇,用行动证明了:即便生命只有一分钟,只要持续行动,一切皆有可能。

设计意图:以有趣的视频引出主题,能够吸引学生的注意力,激发他们对活动课的兴趣,让学生感受时间的珍贵,为后续活动的开展做好铺垫。

## 二、体验时间

教师:同学们,下面我们来做一个有趣的游戏"撕一撕时间的纸条"。首先,请大家想象这条长纸条代表一天的24小时。现在,大家回想一下,自己平时的一天是怎么度过的。

教师:请大家把用于其他活动的时间一点一点地撕掉,留下学习时间。例如,睡觉占用的时间,把它撕去;吃饭占用的时间,把它撕去;聊天花费的时间,把它撕去;发呆耗费的时间,把它撕去;打篮球等运动花费的时间,把它撕去;玩游戏和与同学打闹花费的时间,把它撕去;上下学用的时间,把它撕去……

教师:现在,请大家在小组内进行交流,看看一天中,各自还剩下多少时间用于学习。同时,也请大家交流下各自的时间是如何分配的。

学生:……(学生自由发言)

设计意图:通过这一游戏,学生能切实体会自己一天可支配的时间具体有多少,然后彼此分享,能让他们更真切地感受时间的珍贵。

## 三、管理时间

教师:史蒂芬·柯维在他所著的《要事第一》一书中提到了"时间管理矩

阵"，教我们如何对生活中源源不断的各类事情进行分类，以及如何合理分配和利用资源。

学生：老师，那时间管理矩阵是什么样的呢？

教师：时间管理矩阵实际上是一个二维图表。其横坐标代表事情的紧急性（正半轴数值越大，代表事情越紧急）；纵坐标代表事情的重要性（正半轴数值越大，代表事情越重要）。根据这两个维度，我们可以把事情分为以下四个象限。

第一象限：紧急且重要。诸如突发发热需就医、按时做作业、参加考试等情况。这类事情的特点在于，会迫使你即刻采取行动。解决策略为：依据事情紧急与重要程度进行优先级排序，立即着手处理，并在规定时间内全神贯注地完成。

第二象限：重要但不紧急。像复习功课、制定计划、规划长远未来、构建人际关系、深入了解大学专业以及未来意向就业的职业信息等都归属于此。其特点是极为重要，然而却常常是最易被忽视的事项。解决策略是：精心做好规划，踏踏实实地完成，进行全面细致的思考，一有空闲时间便优先推进，务必长期保持关注，绘制出清晰的目标蓝图，制定详细具体的执行计划，并及时对执行成效进行评估验收。

第三象限：不紧急且不重要。例如毫无目标地浏览网页、长时间过度看电视、无所事事地闲逛等行为。这类事情堪称时间管理的最大阻碍。解决策略为：大力加强自我管理能力，提升自我克制的意志力。

第四象限：紧急但不重要。举例而言，接听一般性电话、日常洗衣、陪同同学外出购物等。这类事情的特点是，在有闲暇时间时再去处理也无妨。解决策略为：采用高效快捷的方式处理，尽可能减少精力投入，尝试最大程度降低在这类事情上所耗费的心力与时间。优先保障重要事情的处理，之后再酌情考虑处理这类事务。

设计意图：借助时间管理矩阵，引导学生学会分析自己手头的事情处于哪个象限，从而学会科学地分配时间，实现时间利用效率的最大化。

## 四、案例分析

### 小明的烦恼

中午，小明刚走进教室，同桌就对他说："今天12:35，我们一起去图书馆看体育杂志吧，听说新的一期又到了。"可踏进班级后，他又看到教室黑板上写着"今天中午12:40—13:20，学校进行英语竞赛"。他这才想起自己是班里推荐的10位参赛选手之一。

这时，门外一个同学找上来说："小明，王老师让你中午12:45召集初一年级全体学习委员商量明天演讲比赛的事情。"刚坐到位子上，文学社的社长跑进来对他说："今天中午12:50我们文学社成员碰个头，商量一下周六外出采访的事。"

小明一听，顿时觉得今天怎么这么多事情都凑到一起了，于是……

教师：请各小组讨论以上案例，思考我们可以怎样帮助小明走出困境。

设计意图：让学生在具体情境中学会把事情分为四类，即紧急且重要、重要但不紧急、紧急但不重要、不紧急也不重要，从而帮助他们分清事情的轻重缓急。通过讨论，让学生理解应将重要且紧急的事情放在首位，优先解决，不紧急也不重要的事情可以暂且搁置，这样才能避免遇事毫无头绪、混乱处理。

## 五、制定计划

教师：请大家在组长的带领下制定小组学习计划（以周为单位），并确保计划具有针对性、现实性和可操作性。在制定计划时要注意预留出空余时间，以便及时检查学习效果。

学生展示制定的计划。

设计意图：利用活动凝聚小组力量，并借助小组的约束力去督促学生完成目标，让学生学会合理规划时间，真正做到珍惜时间，最大程度地运用时间、管理时间，成为时间的小主人。

## ▶活动总结

### 1. 效果与感受

通过本次活动，大部分学生对自身时间的把控能力有了显著提升。有的学生开始利用琐碎时间做更多事情，有的学生养成了制定计划、科学规划自己时间的习惯。

### 2. 注意事项

（1）活动的开展一定要结合本班的实际情况，切不可完全照搬，当然也可以在此基础上大胆突破与创新。比如，在案例分析之前，可以增加一个游戏环节，让学生感受同时做两件事情、重叠利用时间的乐趣，如泡脚时背课文、坐车时听单词等。

（2）各项准备工作一定要提前且做到细致入微。比如学生活动游戏环节的材料准备，小组计划的表格制定，要依据活动目标来设计相应内容。

（3）要有效地把控活动时间和掌控活动氛围。比如撕纸游戏，每个项目老师要发挥主导作用，快速引导学生，并同时引导他们在撕纸过程中深刻感受时间的珍贵。否则可能出现课还未结束，班级卫生却先出问题的情况。

### 3. 改进与提升

（1）在引出时间矩阵时，不用繁杂的文字呈现案例，改用视频影像资料呈现会更加生动，有助于学生理解。

（2）个别学生的时间规划仍存在较大问题，一方面与学生的自律性有关，另一方面是他们还不太会合理安排自己的时间。针对这部分学生，教师和家长需加强联系、协同合作，给予他们更多的关注和引导。

# ⑤ 暑假不躺平，讲题我能行
## ——暑期生讲生学主题活动

 **活动背景**

　　暑假伊始，学生往往会制定许多计划，期望度过一个自律的假期。然而，现实情况常常是，他们本打算早起读书，可清晨闹钟一响，便顺手关掉闹钟，自己安慰道："再睡5分钟，就5分钟……"原本决心早睡早起，结果一玩游戏，又安抚自己："再玩一次，再玩一次……"假期前制定的各种计划，一到付诸行动时，就在种种借口下化为乌有。最终，一本练习题至今未曾打开；一本书放了半个月，也未曾翻过一页；游戏却玩了一次又一次，甚至一不小心玩到深夜……鉴于上述情况，暑假期间，我在班级开展家庭版小老师讲题活动，旨在帮助学生在假期养成自律的学习品质。

**活动目标**

　　（1）通过活动，培养学生"敢讲、会讲、善讲"的能力，提升学生的数学语言表达能力、数学思维能力等综合高阶能力。

　　（2）利用暑假时间开展活动，营造班级假期良好的学习氛围，促使学生形成自律品质。

**活动开展**

### 一、做好准备

　　教师准备好展讲题目：展讲题目需经教师集体调研讨论确定，应具代表性，难易适度，且能启发学生思维。在放暑假前，教师应精心准备学生展讲内容及资料，供学生暑假展讲使用。

学生做好工具准备：包括小黑板或白板以及录制视频的设备。此外，还需准备 A4 纸，用于在讲题前写下完整的解题过程，做好重点讲解的批注，以此作为"教案"准备。

设计意图：充分准备工作是活动成功开展的基础。活动开展前，教师需要准备好精选题目，并向学生说明需要准备的工具，以确保活动顺利开展。

## 二、规范流程

活动流程如下。

（1）假期前，数学老师要对学生进行指导与培训，带领学生认真学习"小老师讲题"标准。

（2）学生暑假期间每周至少选择一个题目作为主讲内容，认真准备后，在家中的小黑板或小白板前进行讲解。

（3）录制视频上传到 QQ 相册，老师查看后进行点评。

（4）为鼓励学生积极主动参与活动，将老师点评设为加分选项，率先完成或质量较好的作品，教师可优先点评。

（5）收集所有学生的讲题视频，制作成作品集，激励学生持之以恒并不断创新。

设计意图：以系统流程引导学生参与，从前期培训让学生明晰标准，到讲题、上传视频，再借助教师点评加分激励学生积极参与，最后制作作品集，全方位激发学生积极性，助力其巩固知识、提升能力，促使活动目标达成。

## 三、了解标准

"小老师讲题"活动要求及评价标准。

（1）衣着整洁，展现良好精神风貌。

（2）数学语言规范，声音洪亮，表达准确、流畅、自然。

（3）严格按照生讲生学讲题标准执行。

（4）特别规定：讲解前认真准备，讲解中思路清晰、逻辑完整、步骤正确、详略得当、有理有据，需要利用板书时，可适当通过画图、书写关键步骤或主要思路等辅助分析。

（5）按照生讲生学评价标准进行评价反馈。

生讲生学要求见表4-1所列。

表4-1　生讲生学要求

| 项目 | 要求 | 规范语言具体参考内容 |
|------|------|----------------------|
| 开头语 | 有规范的开头语,便于引导学生集中注意力 | 请同学们看这里 |
| 站姿 | 快步上台,站姿标准,有风范有气势 | (1)快步上台；<br>(2)侧身45°站立；<br>(3)眼睛扫视前方 |
| 讲解 | 声音洪亮,语言清晰 | —— |
| 结束语 | 有规范的结束语,便于评价激励学生 | 我的讲解到此结束 |

设计意图：制定清晰明确的活动要求与评价标准，从外在形象到讲题语言、逻辑及板书运用等多维度规范学生行为，促使学生在讲题过程中不断打磨自身能力，以高标准达成活动目标，提升综合素养。

## ▶活动总结

### 1. 效果与感受

此次主题活动得到了学生家长的全力支持，他们积极参与，为学生录视频，同时也增加了亲子间的有效互动。学生对展讲题目提前认真准备，进行深入分析理解，主动挖掘思考知识点和考点。在讲解过程中，他们表达准确、自信，条理清晰，语言精练，解析过程规范，板书（包括草稿区与书写区）设计精美。经过一个暑假的坚持，学生的数学语言表达能力和数学思维能力有了显著提高。越来越多的学生将这项任务视为乐事，喜欢上了这种以讲题促进学习的方式，自律性也得到了极大提升。

2. **注意事项**

（1）教师在选题时，务必确保难度适中。题目既不可太简单，也不可太难。展讲的主要目的是培养学生的"敢讲、善讲、会讲"的能力，重点在于提升学生数学语言的表达能力和促进数学思维的展现。

（2）对学生的评价应以鼓励为主，通过积极的反馈激发学生对学习的兴趣，增强他们对学习的信心。

3. **改进与提升**

（1）学生的评价方式可以更加多样化。除教师评价外，可增加家长评价和学生互评。

（2）在展讲题目的选择上，可以征集学生的意见，让学生参与出题。学生讲解自己学习中的难点，或许更能激发他们学习的积极性。

# ⑥ 和学生一起在书海中畅游
## ——引导学生读好书主题活动

▶ **活动背景**

随着网络的日益发达，初中生沉迷网络小说的现象愈发普遍。初中时期是学生树立正确世界观、人生观、价值观的关键时期。然而，网络小说的内容良莠不齐，有部分作品充斥着大量不适合初中生阅读的情节，这使得学生容易受到错误观念的影响，进而形成不良的人生观、价值观，对青少年的身心健康危害极大。现代教育倡导学生广泛阅读，并以语文中考为导向，为学生提供阅读书单。因此，如何引导学生选择符合初中生三观建构的适宜书籍，帮助学生真正享受阅读的乐趣，从文学作品中提升自我，实现更好的成长和发展，成为当前初中德育工作中不可或缺的重要环节。

▶ **活动目标**

（1）通过活动，让学生学会甄别有益书籍，享受阅读的乐趣。

（2）通过活动，助力学生养成良好的阅读习惯。

▶ **活动开展**

**一、明确好书，学会选书**

在中学生语文阅读的规定书目之外，市面上存在一些不适宜初中生现阶段阅读的书籍。这些书籍内容包含不健康的性引导、暴力倾向以及魔幻虚拟世界等元素，可能会对学生的心灵造成刺激，诱导他们做出异常行为。为帮助学生学会选择有益书籍，我开展了本次"引导学生读好书"主题活动。

首先，我们在班级举行图书角捐赠启动仪式，引导学生重视书籍的选择。

其次，我向学生阐述了什么样的书是好书：能引起人思考，让人读后有所启发。在书海遨游，我们的知识会更加丰富，视野会更加开阔，思维也会更加清晰。读好书有助于我们明辨是非、提升素质、开阔眼界、提高品位、增长知识。我还向同学们推荐了一些好书，如《小王子》《看见》《文化苦旅》《明朝那些事儿》《解忧杂货店》《老人与海》等。

最后，我们开展读书分享会，每位同学将自己捐赠的书籍制作成PPT，并向全班推荐一本好书。这种以同龄人的视角来进行好书推荐的方式，更能引发学生的共鸣。

设计意图：通过班级集体活动，对书籍和阅读展开正面引导，帮助学生挑选好书、阅读好书。

## 二、营造氛围，开展活动

### 1. 营造阅读氛围

教师：良好的阅读氛围能更有效地调动我们的阅读积极性，激发阅读兴趣。针对如何围绕"阅读"主题对教室环境进行改造，请同学们各抒己见。

经过商讨，最终形成以下布置方案。

（1）学生自主制定班级图书角的借书要求，由图书角管理员在全班进行宣讲。在得到全班认可并签字后，将借书要求张贴出来。

（2）布置标语："读书好，读好书，好读书。"

（3）在学生作品展示栏展示佳作。

设计意图：学生大部分时间在教室学习生活，当教室环境围绕"阅读"主题得到强化和优化后，学生能在舒适美好的环境中更充分地享受阅读的乐趣。

### 2. 开展阅读活动

（1）"百日阅读"活动：引导学生利用碎片时间进行阅读，并填写《百日阅读册》，之后让学生互相分享阅读心得。

（2）师生共读一本书：教师与学生共同挑选一本图书，并互相分享推荐理由。共读一本书并交流读书心得，更能激发学生的阅读兴趣，促使师生在阅读中实现心灵的共鸣。

（3）图书馆阅读日：选择一个周末，与学生在图书馆一起阅读。阅读并非局限于学校、教室，在不同的环境中与学生一起阅读，更有利于培养学生爱阅读、读好书的习惯，更好地实现长效的教育目标。

设计意图：教室作为重要的教育场所，创设良好的阅读环境能让学生深切感受到阅读的重要性。但仅创造良好的阅读环境还不够，丰富多样的阅读活动能从心灵层面为学生营造浓厚的阅读氛围。

## 三、家校共读，家校共育

学生除了在学校的学习时间外，与家人相处的时间也很长。与家长沟通，达成教育共识，形成教育合力是实现家校共育的必要环节。

（1）召开家长会时，与家长达成共识：关注并甄别孩子阅读的书籍，引导孩子多读书、读好书。

（2）鼓励家长在陪伴孩子的过程中开展必要的亲子阅读，给孩子树立阅读的榜样。

（3）教师将优秀书籍分享给学生和家长，邀请学生和家长分享读后感，并在班级展览优秀的读后感。

设计意图：家校合作是极为重要的教育方式。通过与家长达成共识，凝聚教育合力，能够更好地帮助学生养成阅读好书的习惯，实现教育目的。阅读虽然是知识的单方面输入，但将读到的文字转化为自身的知识和力量，写作无疑是实现这一转化的最佳途径。所以，在引导学生阅读好书的同时，也要鼓励学生多写自己的阅读感悟。

### ▶活动总结

**1. 效果感受**

"读书好，读好书，好读书。"这句冰心的名言早已深入人心。对于初中生而言，读好书的意义究竟何在，以及如何判别一本好书，他们尚不具备清晰的判别意识和能力。在这种情况下，教师对学生的正确引导就显得至关重要。不同的引导方式和过程会产生不同的教育效果，达成不同的教育目的。通过一系列对学生实施的教育引导以及后续的沟通交流，我越来越感受到，学生对于书籍的选择渐渐具备了正确的判别能力。希望我对学生的教育行为，能在他们的未来生活学习中产生持续的积极影响。

**2. 注意事项**

（1）对于拥有良好阅读习惯的学生，要给予充分表扬，为其他同学树立榜样。

（2）在家校合作过程中，需为家长提供具体的阅读方案，助力家长更好地与教师形成教育合力，推动教育目的的达成。

**3. 改进提升**

（1）阅读活动形式可以更加多样化，如设置"阅读周""阅读月"，评选"阅读明星""优秀阅读家庭"等，借此在班级中营造更浓厚的阅读氛围。

（2）可以牵头组织班级围读活动，鼓励学生分享阅读心得，将阅读心得的输出转化为知识的进一步输入，促使思维产生碰撞。

# ⑦ 拥抱青春，无畏长大
## ——青春励志教育主题活动

### ▶ 活动背景

人生的每个阶段都有其独特模样。童年时天真烂漫、无忧无虑，值得每个人回味。初二学生正处于青春阶段，在成长道路上难免遭遇艰难险阻。本次活动旨在引导学生在人生的道路上继续昂首前行，尽情拥抱青春，勇敢迎接挑战，无畏长大。

### ▶ 活动目标

（1）通过活动，与学生一起回忆美好的童年时光，引导他们认识到"我已经长大啦"。

（2）通过活动，让学生体会从童年到少年的转变：我们少了什么，多了什么？

（3）借助红领巾珍藏仪式，让学生明白怎样度过有价值的一生。

（4）借助亲子书信活动，助力学生开启青春的新征程。

### ▶ 活动开展

#### 一、回顾童年，快闪祝愿

教师：请同学们一起朗读《村居》这首诗。

村居

（清）高鼎

草长莺飞二月天，拂堤杨柳醉春烟。

儿童散学归来早，忙趁东风放纸鸢。

教师：每个人都有独一无二的童年记忆。童年是什么模样，我们一起来看看快闪视频（文字内容如下）：

大家好，星港四班邀请您一起欢度六一。你们知道吗？这个六一特别不一样，因为这是你们人生中将度过的最后一个"六一儿童节"。此刻，你想对自己的童年说些什么呢？再见，我最爱的六一儿童节；再见，我玩过的挖掘机；再见，我信以为真的奥特曼……很幸运，在这个学校，我遇见了你们，找到了理想，迎来了青春，然后和你们一起活成一束光。现在，请跟我一起大声说：青春你好，我来啦！

教师：14岁标志着告别童年，迎来青春的开始，在这一年，"六一儿童节"是一个具有特别意义的时间节点。它一头连着金色童年，一头接着绚丽青春。今天，让我们一起回忆童年，问候青春。

设计意图：借助一首描写童年的诗，引发学生对快乐童年时光的回忆，为引出主题做铺垫。快闪是00后孩子们喜爱的方式，通过快节奏的文字展现，能够在短时间内吸引学生的注意力，激发他们对课堂的兴趣，且能将老师给予学生的祝愿表达得风趣幽默。

## 二、回忆童年，永葆童心

教师：请大家说说自己童年的趣事，以及那些值得回忆的瞬间？

学生1：和小伙伴抓螃蟹；拿着开口的瓶子到处洒水，引来阵阵尖叫；披着被单演戏；和邻家小朋友一起玩弹珠；和家人一起玩躲猫猫……

学生2：喜欢唱童年的歌谣，比如"大头儿子小头爸爸，一对好朋友，快乐父子俩""喜羊羊美羊羊""汪汪队，汪汪队，马上就要出发"……

学生3：可以用纸做成飞机、千纸鹤、爱心、东南西北和立体图形等；也可以用橡皮泥捏成恐龙、小船、蝴蝶、花瓶等。

教师：那你们想不想看看你的同桌小时候的照片呢？

学生：想（特别兴奋）。

教师：你们都长大了，还能和小时候一样默契吗？来吧，和童年时代的你来一张神似的合影，跨越时空，和过去的你相遇，这一时刻值得特别珍藏。

七八个学生一一上台摆出小时候的同款动作，现场笑声不断，欢笑不断。童年到青春的蜕变在这一瞬间展示得淋漓尽致。

设计意图：让学生回忆童年，感受童年的自信与快乐。让学生对照童年时代的照片，摆出一模一样动作，既能给他们留下鲜明的对比照，更能让他感受到时光的流逝，青春的到来。

## 三、感悟一生，告别童年

教师：刚才我们都看了每一个同学童年的照片，你们有什么感受呢？

学生："好可爱""天真烂漫""看起来没有一丝烦恼"……

教师：那大家想知道我在你们这个年龄长什么样吗？

学生：想（带着满满的期待）。

教师：我没有儿时的照片，这确实有些遗憾。如今初二的你们也看看二十多年前的我长什么样吧。（展示照片）

学生：大四的李老师好瘦啊。

教师：不必纠结于胖瘦，重点是青春的气息，是不是还算清秀俊朗、淳朴可爱呢？如今是我工作的第十三年，我依然笑得那么灿烂。回想起我的初中时代，我勤奋好学；高中时代，我发奋图强；大学时代，我虽有过迷茫无措……但有两句话想送给大家：蓦然回首，才知道青春短暂。如果时光能倒流，回到我的青春时光，我一定会全力以赴，用奋斗书写青春。

教师：人生的每个阶段都应该有它该有的模样。有的人，虚度青春而不自知，而有的人，年过九旬仍旧保持青春的姿态。接下来，我们一起来看看这样一位老人的传奇人生，去感受他完整而精彩的一生。

他，出生于1930年，自幼和家人过着颠沛流离的生活。他从小立志当一名农业科学家……

教师：你们能猜出他是谁吗？

学生：袁隆平。

教师：对，我想，奋斗的青春应当是袁隆平先生这样的：少年立志，青年好学，一生为民，报效祖国。"老去的永远是身体，不老的永远是灵魂。"他说，"我没有什么成功的秘诀，就八个字——知识、汗水、灵感、机遇。"我们要学习袁老童心未泯的生活态度，更要学习袁老立志报国的赤子之心。只有让青春有意义地度过，人生才能更具意义。

设计意图：向学生展示班主任青春时期的照片是活动的点睛之笔。以老师自己为例，更能让学生感受到青春奋斗的力量，进而引发学生思考：如何才能度过有意义的一生。

## 四、珍藏红领巾，开启新征程

教师：今天，你们即将告别陪伴多年的红领巾，此刻，请打开收藏盒，把你们心爱的红领巾折叠好放在盒子的中央。请思考：迈入青春的你，与童年相比，少了什么？正青春的你，又多了什么？

学生1：看着平日里佩戴的红领巾此刻躺在盒子里，心中涌起一种说不出的不舍，但是又瞬间觉得自己长大了。

学生2：我觉得，步入青春的我们，少了些稚嫩与天真，还少了些无忧无虑的欢笑。但是我更喜欢长大，青春的我们又多了很多知识，多了很多责任，同时也离自己的梦想更近了一步。

学生3：青春是人生的必经阶段，也是我们即将迈入的新阶段。每个阶段都有每个阶段的使命。青春的我们，或许少了对父母的依赖，但多了对自我的期许。对于未来，我充满了信心。

设计意图：通过这种充满仪式感的活动开启新征程，能给学生带来幸福感和荣誉感，让他们更加珍惜自己的青春时光。

## 五、家书力量，助梦起航

教师：对你们的父母来说，你们人生的每一个阶段，都是他们的骄傲。初一开学首日，家长们便给你写下第一封信。今天，14岁的少年们正迈步走向青春，他们同样以书信的方式传递着叮嘱与希冀：未来的路很长，你们要学会丰盈自己的翅膀。请大家拆开信封，认真阅读，同时也欢迎大家与同学们分享自己家书中的内容。

学生：人生天地之间，如白驹过隙，忽然而已。一转眼，你已从懵懂小孩成长为翩翩少年。回首往事，你成长的点滴都铭刻在我的记忆深处。从你呱呱坠地那一刻起，每当你学到一些知识，掌握一项技能，提出一些独到的见解……只要你取得一丁点进步，都是我与朋友们茶余饭后谈论的骄傲话题。不要误会，这是我的虚荣心在作祟，只因你是我今生的骄傲！

……

教师：看完家长的叮咛，相信大家此刻思绪万千，而书信往来本讲究有来有回，接下来的时间，请同学们给家长写一封回信，将你们此刻的感受与家长分享。

设计意图：父母是孩子的第一任老师，是孩子最亲近的人，也是孩子成长的见证者与参与者。在孩子们即将步入青春的时刻，家长们用心的叮嘱与希冀，必将给他们最直接的激励。这个环节一定要提前保密，才能让学生收获的惊喜感更强烈，活动效果更好。作为本次活动的结尾，我希望通过让学生给家长写一封信的方式，不仅作为对家书的反馈，也让学生有机会抒发和表达自己的情感。

## 六、拥抱青春，无畏长大

学生：这次主题活动对我来说非常重要，因为这是我人生的最后一个儿童节。它标志着我已经不再是小朋友了，而是成为一个真正的少年，一个男子汉。这意味着我要有自己的目标，并朝着目标一直前进。同时，这也意味着我即将面临更多的挑战，但我不会退缩，加油！

教师：你们告别了童年，告别了稚嫩与天真；现在，正怀揣梦想，走向青春，砥砺前行。同学们，请珍惜当下，奋发努力吧！成长可贵，成功不易，请大家拥抱青春，无畏长大！

设计意图：通过学生的真情独白，展现其对青春到来的清晰认知与坚定决心，为全体同学树立积极的青春榜样，激发共鸣；教师总结陈词，升华活动主题，强化学生对青春意义的理解，在班级内营造积极向上、奋勇向前的青春氛围，助力学生以饱满热情开启青春征程。

## ▶活动总结

### 1. 效果与感受

起初，学生或许会觉得活动轻松有趣。但从珍藏红领巾仪式，到读到家长的信，他们皆深受感动。我坚信，学生会怀揣着对童年的怀念，迎接青春，憧憬美好未来。

### 2. 注意事项

（1）主题活动务必结合本班实际情况开展，切不可完全照搬。当然，不同班级在这堂班会课上有很大的突破与创新空间。

（2）各项准备工作一定要提前且细致入微。比如学生的童年照片，要保证一个都不能少，否则即便活动再精彩，也可能让学生心中留有遗憾。班主任心中一定要装着每一位学生。

（3）对课堂时间的把控及氛围的营造，极大地考验着班主任的现场应变能力。有时候，不必求全求快，力求真实即可。

### 3. 改进与提升

（1）儿歌环节可以添加一些背景音乐，以此增强代入感。

（2）家长给学生写的信，我都留存了，几乎每一封都写得很好。然而，对于学生给家长写回信的情况，我未做后续追踪。一方面是现场时间不够，老师要求查看，学生可能会觉得这是一种被动的交流方式，效果欠佳。我认为可采用一个新创意：以抽签的方式选定一两位同学，让他们现场给家长打电话回信，这样或许会更高效，也更能打动人心。

（3）教师需进一步思考如何更加鲜明地突出本次活动主题。主题活动设计得再好，倘若未能真正体现主旨思想，也不能算作成功的主题活动。

# 第五章

# 打造匠心，学科育人

除了班级管理，课堂教学是班主任工作的另一大主阵地。只有在班级管理与学科教学两方面都表现出色，才能称得上是一位有匠心的班主任。

何谓匠心？匠心即能工巧匠的心思。作为班主任，应该践行工匠精神，敬业、专业且追求卓越；要有创造性，让教学充满灵动的色彩；更要始终保持热爱，心无旁骛，如此才能精准把握学生需求，给予学生更大的帮助。

在学科教学方面，班主任要学会"两条腿走路"。除了传授学生基本的知识与技能，还需在世界观、人生观、价值观等方面对学生加以引领，做到教学与育人相融合，进而促进学生的多元发展。

以数学学科为例，数学班主任应该如何进行学科育人？《义务教育数学课程标准（2022年版）》指出："数学在形成人的理性思维、科学精神和促进个人智力发展中发挥着不可替代的作用。数学素养是现代社会每一个公民应当具备的基本素养。数学教育承载着落实立德树人根本任务、实施素质教育的功能。"为实现这一目标，教师可以借助数学学科独有的特点，一方面，培养学生良好的数学学习习惯，比如规范的数学书写、精准的数学表达等；另一方面，在课堂教学中落实"四基""四能"，培养学生正确的情感、态度和价值观。当然，学校还可以组织数学文化节等数学主题活动。通过这些活动，学校可以创新育人方式，拓展育人路径。

人民教育家于漪曾说："教师一个肩膀挑着学生的现在，一个肩膀挑着国家的未来。"教育的质量就是培养人的质量。因此，作为教师既要重视智育，更要强调德育，真正实现"五育并举"。

**以数学之道，解生活之疑**

一说到数学，很多人就会想到一系列的数学公式和法则，并且认为学好数学就是掌握好它们，并能熟练运用它们解题。但其实数学学习，除知识的运用外，更重要的是其背后思想方法的迁移，从而让学生能用数学的眼光观察世界，用数学的思维思考世界，用数学的语言表达世界。

### 一、抽象，培养学生用数学的眼光观察世界的能力

复旦大学李大潜教授曾指出，世间万事万物都具有数和形两个侧面，数学，就是撇开事物的其他状态和属性，单纯研究现实世界中的空间形式与数量关系的科学。这个过程，就是数学学抽象的过程。所以说，如果没有数学抽象，生活中的很多问题将变得非常复杂。当一个人具备良好的抽象能力时，这意味着他在遇到问题时，能够排除问题中的不重要因素，找出问题的变量与常量，进而分析出问题的关键所在，更好地为解决问题做准备。

### 二、推理，培养学生用数学的思维思考世界的能力

心理学专家李玫瑾说过，学生学习数学，每天做数学题，这个过程就是对思考和推理能力的练习。任何数学问题的解决都需要一步一步地推算，经过十多年的积累，学生的推理能力就能得到更好的发展。这有助于他们逐步养成有条理的思维习惯，培育理性精神。生活中很多问题都需要用到推理，需要用理性的眼光去分析与判断，比如买房还是租房，考研还是工作等。因此，推理能力的发展对于学生今后分析和解决问题有着极大的帮助。

### 三、建模，培养学生用数学的语言表达世界的能力

数学来源于生活，也服务于生活。数学建模是联系数学与应用的重要桥梁，是数学走向生活应用的必经之路。生活中处处存在数学建模，例如"双十一"怎样购买物品最划算，暑假出行怎样规划线路更便捷等。人们能够借助数学建模的方法，去探寻这些问题的答案，这一过程也有助于人们提升发现问题、提出问题、分析问题和解决问题的能力。

教育家怀特海说过："当你丢掉你的课本，烧掉你的听课笔记，忘掉你为了应付考试而背诵的细节，你的学习对你来说才是有用的。"所以对于学生而言，当他们走出校园，或许用不到那么多复杂的数学知识，但他们所拥有的数学眼光、所具备的数学思维以及所掌握的数学语言，一定会极大地影响他们未来的生活。

# ② 细节出真知，品质重坚持

著名数学家华罗庚曾说："宇宙之大，粒子之微，火箭之速，化工之巧，地球之变，生物之谜，日用之繁，无处不用数学。"在人类历史的发展洪流中，数学始终发挥着重要作用。

不同阶段的数学学习，既具有整体性、一致性，又呈现出不同阶段的不同特点。小学数学侧重对经验的感悟，初中数学则侧重对概念的理解。在初中阶段，同学们都很想知道怎样才能学好初中数学。其实秘诀就是将一件事情做到底！在数学学习方面，把一些良好的学习习惯坚持到底，有助于取得理想的学习成效。学生如果养成将一件事情做到底的好习惯，时刻牢记学习目标，保持恰当的节奏，及时巩固学习成果，坚持不懈地努力，那么在数学学习方面极有可能取得显著进步。

在初中数学学习中，我们需要在哪些细节上坚持到底呢？关键在于"学、练、思、究、悟"这五个方面。

## 一、学：严谨细心做到底

数学是一门逻辑严谨的学科，若想较好地掌握并应用数学知识，谨慎、细致的习惯不可或缺。为了培养细心的习惯，我们可以遵循"严谨细心三步走"策略，并坚持将以下事情做到底。

### （一）认真听讲

听课效率高，学习效果往往会更好。听课时要专心、细心地聆听老师对例题的剖析，理解解题思路的突破点以及答题技巧的总结。同时，要及时记录老师补充的知识点和解题思路，方便后期的巩固复习。

（二）仔细审题

看清、看全已知条件是解决数学问题的必要前提。在审题过程中，我们可以对重点词句进行勾画，以此起到提醒作用，同时有助于我们加深对条件、概念的正确理解。

（三）谨慎计算

"会做却算错"，这是数学学习中极为遗憾的事情。所以在计算时，我们一定要看清运算符号、理清运算顺序，谨慎计算每一步，确保写对运算符号。

数学秘籍1：提升数学学习的品质，一靠严谨，二靠细心。

## 二、练：勤练勤算做到底

运算能力是学习数学的根基，也是学习其他数学知识的基础。它有助于我们形成规范化思考问题的习惯，养成一丝不苟、严谨求实的科学态度。初中数学的计算与小学相比，还有一个很大的不同点，那就是用字母来表示数，也就是符号意识的培养。由于缺乏良好的做题习惯，不少同学在计算时总是出错。为了提高运算能力，我们应坚持将以下事情做到底。

（1）要准确掌握运算法则。要会计算，首先必须明确怎样计算，即强化对运算法则的记忆。

（2）要明晰算理。同学们不仅要知道是什么，更要知道为什么以及怎么来的，这样才能保证我们理解每一步计算的依据，做到"知其然，更知其所以然"。

（3）要养成良好的书写习惯。计算过程书写清晰工整，草稿不潦草，既便于老师批阅，又方便自己检查。

（4）要常练、苦练、活练。俗话说："拳不离手，曲不离口。"对于运算能力，我们要经常练习，练熟了自然就能灵活运用。对于较难的问题，需要刻苦练习，不达目的不罢休。同时，我们还需要灵活练习，多问几个为什么，注重计算方法的归纳总结。

老师建议同学们，在暑假期间回顾整理小学的数学公式，坚持每天做一定量的计算题，以此提高计算的速度和正确率。

数学秘籍2：坚持勤练勤算，探索灵活的计算方法，是学习初中数学的基石。

### 三、思：独立思考做到底

数学是思维的体操，数学能力的发展归根结底在于思维的发展。独立思考能够培养思维能力。有时候，同学们看到问题，马上就能想出解决办法，但也有可能很长时间都想不出解决问题的思路。为了提高思维能力，我们应坚持将以下事情做到底。

（1）敢于思考。对于新知识，不要只是被动接受，要多问"是什么""为什么"，弄清楚它的来龙去脉。比如，在添加辅助线时，同学们不仅要知道添加什么，更要思考为什么要这样添加。

（2）勤于思考。在看书、听讲、练习时，要多思考。同学们要学会把新知识和方法融入已有的知识和方法体系中去。

（3）善于思考。要对问题的关键、知识的重点进行思考，也就是准确理解概念，掌握如何运用定理、公式进行推理、论证和演算，从而培养数学思维。

（4）独立思考。要养成独立完成作业的习惯，遇到不会的题也不要轻易放弃，敢于挑战自我，享受数学解题成功后的快乐。

老师建议同学们应提前预习教材内容，对于不懂的问题多问为什么，深入思考其中的道理。

数学秘籍3：独立思考、勤于思考，是获取知识、发展智力的必备条件。

### 四、究：及时纠错做到底

个性错题本对于初中的数学学习极具价值。它并非仅仅是一个简单记录错题的工具，而是一个能对错题进行分类整理、总结归纳、分析反思的载体，最终形成一本适合自己的个性化复习宝典。使用错题本切不可流于形式。为提高自己归纳整理错题本的能力，我们应坚持将以下事情做到底。

（1）选题。课后要把多次出错的简单题目或较难题目摘抄到错题本上。除这些题目外，还需将一些有价值的"新题"摘抄上去，例如出题角度新、题目条件新奇、解答方法独特，以及所有让你眼前一亮的题目。

（2）整理。在整理错题时，先用黑笔摘抄题目，然后把解题的关键步骤用红笔写在题目背面，题目正面留白便于后续的复习。最后将错题的重难点、错因、思想方法和心得等注意事项用蓝笔简要记录在解析旁边。

（3）复习。错题本最大的功效在于自我检测。因此，我们需在摘抄一周后对这些错题进行一次回顾，把当周错题本上的题目重新做一遍。如果仍然出错，就需要给错题标记星号。

老师建议同学们准备黑、红、蓝三支笔和一个A4纸大小的错题本。每错一次，就标记一次星号。考前复习时，那些被反复标记星号的题目便成为你复习的重点。

数学秘籍4：不可盲目地在题海中漫无目的地遨游，而要学会在错题中"大浪淘金"，通过分析和纠正错题，弥补自身的知识漏洞。

## 五、悟：总结反思做到底

总结反思是我们对一个阶段内的学习成果进行复盘的方式，我们通过分析过程中积累的经验，及时调整优化学习方案、查漏补缺。对即将开启初中数学学习之旅的学生来说，掌握了总结反思的方法，学习效率将会大幅提升。为了提高自身总结反思的能力，我们应坚持将以下事情做到底。

（1）课后过"过电影"。一节课结束后，花一到两分钟时间，像"过电影"一样，在脑海中快速回顾本节课的内容。

（2）睡前复盘。晚上睡觉前，在脑子里回想一遍当天所学，思考自己今天哪些方面做得好，哪些方面做得不好，明天要如何改进。

（3）遵循艾宾浩斯遗忘曲线规律。在记忆的最初阶段遗忘速度最快，所以同学们应在12小时内进行一次复习，然后分别在1天、2天、4天、7天、15天各复习一次。

（4）利用好碎片时间。虽然碎片时间比较短暂，但积少成多。同学们可以利用好这些碎片时间，对简单知识进行回顾。

（5）常与他人交流讨论。个人的思维和力量有限，同学们可以将自己当日所学所思分享给家人、朋友或老师，多听听他人的见解。

数学秘籍5：不断超越昨天的自己，在总结反思中学习，是持续进步的关键。

在数学学习中，没有任何一件小事应被轻视，也没有任何一个细节可以被忽略。成功从来都不是一蹴而就的，忽略小事就难以成大事。将一件事情做到底，不仅是对梦想的追求，对时间的承诺，更是对自己负责的体现。以极致细心的态度对待每一件事，才能收获极致惊人的成果！当学生学会把今天总结出的数学学习秘籍做到底，不仅他们的数学学习能力会实现质的飞跃，其整体学习能力也将迎来新的突破。

# ③ 笔端显素养，习惯铸品行

数学家华罗庚先生说过："中学生在数学表达上要做到'想得清楚，说得明白，写得干净'。"只有具备清晰的思维，才能实现清晰的表达，进而拥有清晰的书写。陶行知先生也说过："千教万教教人学真，千学万学学做真人。"这里的"真"，指的是追求真知、学习真本领、涵养真道德。

俗话说："字如其人。"设想一下，数学老师批改作业或试卷时，看到书写工整漂亮的，往往会忍不住多看几眼，甚至拍张照留存。与此同时，多数班级总有几个"书法家"，他们字迹潦草，"笔走游龙""龙飞凤舞"，倒像是在考验老师的识字能力。当然，或许有老师觉得，数学和语文学科不同，只要答案正确，书写的影响也没那么大。但事实果真如此吗？显然不是。培养学生良好的数学书写习惯，其实也是塑造学生心性品质、磨砺思维的过程。

## 一、数学书写，培育孩子冷静从容的心性

和所有科目一样，从孩子作业的书写情况，便能洞察他做作业时的状态：是心浮气躁，还是沉稳沉着？是敷衍塞责，还是一丝不苟？数学本就是一门极为需要静下来钻研的学科。一个解答题不仅可以写得很漂亮，更可以很工整。而要写好一个数学解答题，需要孩子耐心、细致、严谨地全身心投入，这一过程恰恰是在磨炼孩子静下来的心性。

数学秘籍1：在数学学科里，对书写字体本身的要求并不严格，更为关键的是孩子的书写要做到清晰整齐、简洁完整。

## 二、数学书写，锻炼孩子逻辑思维的表达

书写本质上就是一种表达形式。数学书写，侧重于锻炼孩子逻辑思维的表达

能力。如何将一道题的解答过程以清晰简洁的方式表述出来，先写哪一步、再写哪一步，怎么叙述清楚，这些过程都在培养孩子的逻辑思维能力。我班上有一位同学，思维较为跳跃。他热衷于在班上充当小老师给同学们讲题。然而，很多时候，他自己能做对，但无法清晰地给别人讲明白。这是什么原因呢？实际上，这与他的数学书写有一定关系。他在完成解答题时，常常省略一些必要步骤，需要解释的部分没有阐述清楚，这恰恰反映出他在书写表达方面缺乏足够的训练。

数学秘籍2：解答一道数学题，可以看作是进行一次小型阐述，就像写作文一样，需要有基本的结构。一般而言，数学解答题常用最基本的"总分总"结构，做到有头有尾。例如一道证明题，往往是先给出结论，紧接着说明理由。随后从不同角度展开分析，最后进行总结。其实，在学习新知识时，老师都会给同学们讲解相应的书写步骤，大家只需依照老师讲的基本格式进行解答即可。

## 三、数学书写，影响孩子数学学习成效的关键因素

对于同一道解答题，即便最终答案都正确，有的孩子能得全分，但有的孩子却会被扣分，这与孩子的书写过程有很大关系。对于课堂效率相差不大的孩子而言，课后作业是拉开成绩差距的重要因素之一。数学书写规范、清晰的孩子，数学成绩往往不会太差，因为良好的数学书写背后，对应的往往是一个沉着冷静、思维缜密的孩子。这样的孩子怎么能学不好数学呢？家长如果想了解孩子的学习状态，但又对知识内容不熟悉，不妨从关注孩子的书写入手。因为孩子的数学书写正是其数学学习状态的外在表现。

希望所有的学生在学习数学时，都能如华罗庚先生所说："做到想得清楚、说得明白、写得干净"，做一个书写好、数学好的学生。

**数学课前三分钟，培养学生良好习惯**

　　良好的学习习惯，对学生当前的学习效果和未来的个人发展都具有重要意义和作用，是个人基本素养的重要组成部分。数学课前三分钟"自信演讲"课程，将演讲与教学巧妙融合，打破了以往传统的"填鸭式"教学模式，使老师从知识的传授者转变为知识的引导者。这一课程充分调动了学生在学习过程中的主观能动性，创设条件促使学生主动构建知识体系，进而提升学生的综合能力。

　　上课铃声响起时，学生常常你一言我一语，或是大汗淋漓地跑进教室，依然沉浸在课间的欢乐氛围中，心思久久不能回归课堂，可想而知，这样的状态会让上课效果大打折扣。学生是学习和发展的主体。教师必须根据学生的身心发展规律和学习特点，关注学生的个体差异以及不同的学习需求，呵护学生的好奇心、求知欲，充分激发学生的主动意识和进取精神，倡导自主、合作、探究的学习方式。因此，教师应充分利用课前三分钟，致力于培养学生良好的学习习惯，特别是借助数学课前三分钟"自信演讲"课程，充分调动学生的学习积极性，让学生乐学、会学、好学。数学课前三分钟"自信演讲"课程搭建起了对话、沟通、交往、合作、探究和展示的平台，营造出活跃创新的课堂气氛，学习者不再是被动的旁观者，而是主动的参与者。这样的课程真正践行了以学生为主体、以学生发展为本的教育理念，激发了学生的学习热情，有力地促进了学生的全面发展。学习习惯是在长期学习过程中形成的，相对稳定且具有规律性的学习方式。然而，起始年级的学生对于学习习惯的要求往往一知半解，缺乏对习惯常规要求系统的认知；或者旧的不良习惯根深蒂固，难以养成并坚持良好习惯，比如存在课前不准备学习工具等现象。由此可见，学习习惯的培养并非一朝一夕就能完成，而是一项长期的教学任务。因此，数学老师要重视数学学习常规要求的落实与巩固。良好的数学学习习惯能让学生在数学课堂上的学习效率大幅提高。以下是初一学生数学学习习惯的常规要求。

## 数学学习习惯培养的常规要求

（一）课前准备的物品有：书、导学案、练习册、草稿本、红笔、黑笔、蓝笔、作图工具等。（由组长进行检查）

1. 组长检查组员课前准备情况，确保物品摆放位置正确（统一放在课桌左上角），及时提醒未做好的组员，并反馈给老师。

2. 组长组织组员进行课前讨论活动，如进行自主学习、作业答案订正等。

3. 铃声响，全体静息。

（二）打铃后，值日生环视所有同学都做好课前准备时，喊："坐直……起立"，全体同学敬礼并齐呼："我爱数学，我爱老师"；老师回礼后，全体同学坐下并调整好坐姿。

（三）数学课前三分钟"自信演讲"课程。

1. 数学课前三分钟"自信演讲"课程的主持人提前安排好演讲者。演讲者在课前做好准备，包括选择内容、制作PPT、准备资料和演讲稿等。

2. 主持人负责主持活动，做好串词工作。

3. 演讲者上台演讲时，要做到教态大方，语言清晰，书写规范，声音洪亮（按照"读题—提问—分析—书写"的流程进行）。

● 请同学们看这里……

● 同学们听懂了吗？

● 还有什么疑问吗？ ……

4. 评价环节采用"1+1评价"方式（即1个最大亮点+1个最好建议）。评价用语需规范：

根据站……我认为 ……

根据讲……我认为 ……

根据写……我认为 ……

5. 演讲者结束演讲后，须对自己的演讲进行反思，并提交反思报告。

（四）课中要求。

1. 全体同学应保持精力集中、精神饱满，积极主动地学习。课上若有同学起立回答问题，其余同学要及时给予反馈：回答正确，其他人统一回应"对"；若有疑问或补充，需等同学回答完毕后，举手发言，严禁接嘴或自言自语。

2. 养成"三笔在手"的习惯，助力学习。

黑笔用途：①勾画关键句，②圈出关键词，③备注关键解题步骤，④在图上标注，简记为勾、圈、备、标。

红笔用途：①用于评价（批改对错），②勾画重难点等。

蓝笔用途：①进行改错（改错要求：填空题、选择题出错时，改错需有过程，每个错题要圈出错误的方法，再改正错误，格式为"改："），②小结提升题目所涉及的思想与方法等。

3. 小组讨论时，全体同学起立，围站在一起，高效开展讨论并完成任务，同时选好发言展讲的同学。

（五）课后要求。

作业保质保量完成，过关要及时、主动、真实、有效且规范。

答题要求：

1. 在题号下写"解："。

2. 答题顺序从左往右。

3. 考虑合理分区（2列/3列）。

4. 字体工整，保持页面干净整洁。

数学课前三分钟"自信演讲"，可以帮助学生养成以下的行为习惯。

# 一、培养自主学习与合作探究的习惯

数学课前三分钟"自信演讲"课程，既是对每一位学生的考验，也是一段重要的学习历程。学生需要提前几天甚至几周着手准备自己的微演讲。为了达到良好的效果，学生会用心确定演讲内容，恰当地选择演讲形式，并精心排练演讲稿。虽然演讲时长较短，但在选题阶段，学生先准备自选内容，再与老师探讨，最终确定演讲的内容与题目。随后，学生会与同学或老师交流，进一步确定演讲方式，比如是否借助PPT展示，是否需要演讲道具，如何构建演讲的逻辑思维导图，演讲语言是否精练，如何设置互动环节等。这一过程为学生创造了大量与同伴、老师交流的机会，为有效开展合作探究学习创造了条件。同时，它营造出轻松愉悦的学习氛围，使学生能够积极主动思考问题、大胆发表各自见解，让演讲者从中获得启发，最终形成最佳演讲策略与方案。教师在这一过程中，应注重给予学生自主发挥的空间，提供自主学习的契机，让学生自主开展数学知识的学习，以此培养学生自主学习的习惯。当然，这一过程不仅激发了学生的学习兴趣，更是自主学习和合作探究学习的体现。通过演讲活动，教师可以全面优化师生互动模式，助力学生自主实现学习进步，逐步养成自主学习与合作探究的习惯。

## 二、培养专注倾听与客观评价的习惯

数学课前三分钟"自信演讲"课程中的每一个演讲，都是学生精心准备成果的展示。演讲时，除了要求演讲者教态大方、语言清晰、书写规范、声音洪亮外，互动也是演讲的重要环节。互动能够营造良好的学习氛围，促使学生用心专注倾听，进而使注意力更加集中，同时也让演讲者更了解倾听者的倾听状态，更加从容自信。无论是在演讲中，还是在数学课堂教学中，倾听都是一种有意识的行为，学生不仅要用耳朵听，更要用心听，接收信息后在大脑中进行内化，并尝试将其转化为自己的观点进行输出与评价。无疑，互动是培养学生仔细倾听学习习惯的有效途径之一。

课程改革倡导将课堂还给学生，让学生成为学习的主人。规范性地引导学生进行客观的自评与互评，能够增强学生学习的主动性，从倾听到评价，提升学生的数学学习兴趣与素养。在整个评价过程中，学生应真实、中肯地发表自己的意见，培养创新精神。教师要引导学生避免一味地指责和挑错，要抓住要点，用欣赏的眼光进行评价，从而增强演讲者的信心。每次演讲后的客观评价是一种正向引导，这种良好的评价习惯，一方面能让演讲者认识到自己的不足，另一方面也能使学生更加积极向上、客观地对待评价，不断改进自身不足，完善自我。在掌握了数学知识的同时，激活数学思维，拓展了对数学问题的深度思考，让学生收获成长，共同进步。

## 三、培养独立思考与总结反思的习惯

数学是一门需要勤于思考的学科，对学生而言，在数学学习过程中，最重要的就是学会思考。数学课前三分钟"自信演讲"课程开发与实施的过程中，教师应充分了解学生的学习状态，转变教学理念，注重培养学生独立思考和总结反思的学习习惯。在此基础上，教师应精心设计"自信演讲"课程，比如在确定演讲内容时，通过设置问题串引出内容，为学生创造充足的思考空间。学生通过独立思考，发现数学的内涵和趣味性，进而更加深入地理解数学知识。演讲结束后，教师引导学生进行全面分析与反思，发现自己的优点，获得成功的体验，从而增强学习的自信心。相比一次成功的演讲过程，失败的经历或许更能让学生从中受到启发并进行反思。初中学生的知识体系尚不系统，演讲过程中经常会出现一些问题，例如语言表达不够精练、缺乏感染力、概念混淆、逻辑不清、内容单薄且陈旧、互动提问片面不具有针对性等。面对学生的这些不足，教师不应急于批评或指责，而要因材施教、循序渐进地加以引导，让学生在一次次试错的演讲中逐渐成长起来。教师要结合数学课前三分钟"自信演讲"课程的内容和学生的特点，从多方面培养学生的独立思考和反思能力，从而提高教学效率和教学质量。这种演讲不仅加深了学生对数学知识的理解，还能将数学知识应用到生活实际中，有效培养学生的数学应用能力和逻辑思维能力，进而提高学生的数学素养。

良好的数学学习习惯不仅是当前数学学习的前提与保障，更会让学生受益终身。教师利用数学课前三分钟"自信演讲"课程，可以全面改变师生互动的模式，使学生在自信演讲中养成好习惯，进而成为课堂的主人。这种自主、合作、探究式的课堂，有利于数学课堂教学活动的顺利开展，构建了高效的教学平台，为学生的长远发展奠定了良好基础。自然，这也提升了学生的数学核心素养，促使学生获得更加全面的发展。

#  德育渗透，数学有妙招

教师的职责在于教书育人，塑造学生健全的人格，引导学生树立正确的价值观和积极的人生态度。德育是教育中不可或缺的重要部分。如何将德育融入学生的日常学习生活，在潜移默化中实现立德树人的目标，是每一位班主任，尤其是兼任数学教学的班主任必须思考的课题。

## 一、利用教材资料渗透德育

课堂既是教师传授知识的主阵地，也是培养学生德育素养的首要场所。教师如何利用课堂和教材，这对学生的德育培养起着至关重要的作用。若教师在教学过程中适时、自然地借助教材对学生进行德育教育，往往会达到事半功倍的效果。

### （一）培养学生审美力

以北师大七年级上册"丰富的图形世界"为例，在讲授这部分内容时，教师可向学生多展示一些建筑图案。这不仅有助于学生快速识别并理解相应图形的特点，还能让学生领略数学之美。教师还可以让学生动手制作几何创意作品，如此一来，学生在动手实践过程中，除了能更直观、形象地感受几何体的折叠与展开，理解立体图形的截面问题，还能体会到几何图形带来的视觉美感。

### （二）培养学生创造力

在进行北师大七年级下册"图形的轴对称"的教学时，教师可与学生开展剪纸互动活动。这样不仅能使课堂氛围活跃有趣，极大地调动学生的学习积极性，更重要的是能提升学生的创造能力、设计能力和动手能力。若时间充裕，教师可将课堂上裁剪出的优秀作品张贴在展示栏，供更多同学欣赏与借鉴。

### （三）培养学生自信心

教师可借助教材让学生了解中国数学的辉煌成就，进而增强他们的民族自信心。比如，教师通过给学生讲述刘徽和祖冲之的故事，让学生了解中国古代在圆周率计算方面的卓越贡献；在讲解勾股定理时，可提及《周髀算经》和赵爽的《勾股圆方图注》，它们比毕达哥拉斯的发现早了整整四百年；此外，贾宪三角（杨辉三角）也比欧洲的帕斯卡三角早了六百年。这些都有力彰显了中国古代人民的数学智慧，有助于提升学生的民族自豪感。

### （四）培养学生价值观

正确严谨的科学观、价值观、是非观是一个人一生的宝贵财富。教师可通过教材，在课堂上正确引导学生树立积极向上的人生观。比如，在学习北师大八年级上册"为什么要证明"时，教师可以借助教材告诉学生，有些时候仅凭眼睛观察是不可靠的。数学上的每一个结论都需要经过严格的证明和推导，不能只看表面现象。同时，教师要教导学生，任何事情都不可贸然下结论，更不能人云亦云，要尊重事实，实事求是。

## 二、利用数学实践活动渗透德育

### （一）家庭小管家，培养勤俭好品质

"我是家庭小管家"属于家庭实践类活动，旨在让学生承担起管理家庭事务的责任。无论是规划家庭开支，还是安排家务劳动，都需要学生合理规划、精打细算。通过参与这一活动，学生能体会到爸爸妈妈操持家庭的不易，切实感受到每一分钱都来之不易，进而养成勤俭节约的良好品质。

### （二）制作统计图，培养爱国主义

安排学生制作2021年、2022年、2023年这三个年度自家的家庭年收入统计图。在制作过程中，学生需要收集、整理相关资料，并进行分析，最终将结果制

作成各种统计图。通过这一活动，学生能够感受到在党的领导下，人民生活水平得到了显著提升。此外，组织学生制作中国参加历届奥运会获得奖牌数量的统计图，使他们感受伟大祖国正在逐渐变得繁荣强大。通过制作这一张张统计图，学生的爱国主义情怀也得以升华。

### （三）合作与交流，提升集体意识

自主、合作、探究是当前教师引导学生学习的主要方式，也是学生实现自我发展的重要途径。教师应合理利用学生之间的个性差异，鼓励他们互相帮助、互相指导，如此便能有效增强学生的合作意识和团队精神。借助组内榜样的力量，教师积极给予评价，并定期进行奖赏，从而营造出更好的德育氛围。

#  6 数学教学，处处有育人的契机

教育者的一项重要任务是培养学生良好的道德素质，而学科教学也是德育的主阵地之一。相较于语文、历史等学科，数学课可直接利用的德育素材较少，因此，对于数学教师而言，如何在教学中融入德育元素，是一个具有挑战性的课题，值得每一位数学教师认真思考，深入探索和持续实践。

## 一、以课堂为核心，实施多元评价

在传统的数学课堂中，教师往往以答案的对错来评价学生，这种评价方式较为单一。教师在设计教学目标时，通常会考虑三维目标，即知识与技能、过程与方法以及情感态度与价值观。所以，在评价学生时，教师也应从这三个维度出发。例如，当学生回答问题错误时，教师可以从方法、态度方面等进行评价；在小组合作学习中，教师可针对学生的团队协作表现给予反馈。这样，尽可能多地去鼓励每一位学生，同时让学生感受到，在课堂上受到肯定的，不只是正确答案，还有积极的学习态度、大胆质疑的勇气以及勇于尝试的好奇心。长此以往，学生会越来越喜欢这种采用多元评价方式的数学课堂。

## 二、以解题为载体，渗透德育力量

在数学学习中，学生做得最多的就是解题。人生也是一个不断遇到问题并解决问题的过程，而数学学科培养的正是一个人解决问题的能力，解决数学题的过程实际上是解决生活问题的抽象模拟。因此，教师在教学生解题的同时，也是在培养学生解决问题的能力。

在进行解题教学时，每个环节都可以融入德育元素。比如在谈到审题的重要性时，教师可以向学生说明，勾画关键词有助于提高解题效率，避免走弯路，成功的关键在于一开始就准确理解题意。在谈到书写解题过程时，教师可告诉学生，过程比结果更关键。在数学答题中，答案分值往往占比较小，仅有正确答案是远远不够的，还必须进行有理有据的阐述。没有清晰完整的解题过程，难以取得好的成绩。在引导学生进行反思时，教师可指出，解题并非仅仅为了得出答案，更是为了反思解题过程中所运用的一般性思维方法。

这些解题过程中蕴含的道理均可以迁移到生活问题的解决中。因此解题教学不仅仅是教会学生如何解题，更是在教导他们如何为人处世、如何解决生活中的难题。

### 三、以作业为契机，帮助学生成长

作业是教学反馈的关键环节，只有学生认真完成，教师认真批改，才能发挥其效用。但有时候，学生交上来的作业也会有一些问题，如抄作业、利用搜题软件获取答案，甚至直接交白卷。此时，便是数学教师对学生进行德育教育的重要时机。当学生首次出现这类原则性问题时，教师需要严肃处理，让学生认识到问题的严重性。对于这些不诚实、不负责的行为，教师除了采取相应的惩罚措施，更重要的是引导学生认识到自己错在哪里，并为他们提供解决问题的方案，如此才能避免后面类似问题的发生。

在我的班级里，我给学生制定的作业原则是独立思考、认真完成。在我看来，只要学生做作业时做到了这两点，无论作业对错，都应被视作优秀作业。有时，我还会表扬那些虽然错题很多，但认真完成作业的学生。这类学生值得我们鼓励与表扬。试想，如果我们老师在一件事情上全力以赴，但不断受挫，是否还能保持认真与坚持？因此，我认为这样的学生的抗挫精神值得我们学习。

每一位教师都是育人者，都是德育工作者。期望每位数学教师在课堂中，都能尽可能地融入德育元素，让数学课不仅是知识传播之课，更是品德培养的育人之课。

**数学文化节，享数学魅力**

### 一、数学文化π节活动的设计背景

近年来，学科核心素养成为教育领域的主流理念。作为数学学科教师，我们一直在思考如何结合已有教学来理解核心素养，以及如何在核心素养背景下审视过往的教学工作。在当前中学数学教育中，课堂学习氛围沉闷已成为一种普遍现象。一些学生学习数学的目标变得单一，仅仅是为了能够解题、取得高分，逐渐丧失了对数学的热爱与激情。奥苏伯尔说过："影响学习的唯一最重要的因素，就是学习者已经知道了什么，要探明这一点，并应据此进行教育教学。"因此，要想更好地开展教育活动，必须从深入研究学生入手。为了让学生卸下学习的"包袱"，真正去感受数学之美、体会数学之用、享受数学之乐、领略数学之妙，我校创新性地举办了以"体验数学乐趣，发现数学之美"为主题的大型数学文化π节活动。

随着"双减"政策的推行、新一轮课程改革的不断深入以及素质教育的实施，许多学校都开展了一系列富有创新性、特色鲜明且具有影响力的学科节日性活动。我们的生活中充满了各种节日，如元旦节、端午节、劳动节、国庆节等，但以数学为主题的学科节日却不多。数学兼具科学与文化的双重价值，而3月14日这一天，因与圆周率π的近似值相关，我校选择在这一天举办"体验数学乐趣，发现数学之美"为主题的大型数学文化π节活动。虽然本次数学文化π节活动是首次举办，但我们确保活动始终围绕数学的本质去开展，努力使其成为数学学科知识和技能的延伸拓展，让每一位学生都能在愉快、轻松的氛围中体验数学的乐趣，感受数学的魅力，激发思维活力。

## 二、数学文化 π 节活动的设计目的

在数学学科活动中，应坚持以活动为主要形式，让学生在生动有趣且贴近现实的活动中提升思维，发展数学品质。数学文化 π 节通过开展一系列丰富多彩的数学学习活动、实践活动，让学生在活动中提升思维，发展数学品质。数学文化 π 节以数学实验等为载体，不断丰富数学文化内涵与外延，将数学思想、数学文化、数学方法融入课堂教学和课外学习情境之中。数学文化π节中设计了多种体验活动，如折纸活动、七巧板活动；建模活动，如无盖长方体制作、测量旗杆高度；竞技活动，如数字华容道、魔方、数独；操作活动，如利用几何画板或尺规作图绘制校徽等。多样化的数学节活动聚焦学生的快乐成长，赋予数学学习全新的意义，彰显数学学习形式的丰富性，激发学生学习数学的兴趣，提升学生的数学学科核心素养。

数学学科是培养学生逻辑思维、推理能力、分析能力的核心学科。数学教育不仅在于传授学生数学的基本知识和基本技能，其最终目标在于培养学生运用数学视角解决真实情境中的各种问题的能力，即实现从数学核心知识到数学思维的转变，最终助力学生构建属于自己的数学思想体系。在此过程中，活动作为一种能够提高学生学习兴趣的重要学习方式，在数学学科中占据重要的地位。本次数学节活动基于建构主义、实用主义理论，将数学学科学习与数学活动相结合，旨在构建基于学科素养的校本课程。通过这一课程激发学生的学习兴趣，使学生在活动课程中掌握核心知识，进而提升学生的核心素养。借助数学文化 π 节活动的开展，培养学生的主体意识、实践意识、合作意识、运用意识、创新意识以及学习能力、动手能力、交往能力和创新能力等多种综合素质与能力，从而有力推动素质教育的实施。

## 三、数学文化 π 节活动的形式与内容

本次数学文化 π 节活动的形式与内容具体如下。

## 数学文化 π 节活动形式与内容

（一）体验活动

1. 折纸活动

活动规则：对折一张A4纸，最多能对折几次（不能破坏纸张）。

活动目的：体验指数增长（数级增长）的力量。

2. 七巧板活动

活动规则：构思新颖，拼搭迅速，主题鲜明，时代性强。

活动目的：让学生感受平面图形的特点，体会图形的变换，发展空间观念。

（二）建模活动

1. 无盖长方体制作

活动规则：用一张A4纸制作一个尽可能大的无盖长方体盒子（裁掉的部分不能再利用），看谁装的瓜子重（纸盒可在家中制作）。

活动目的：让学生感受通过数学建模解决实际生活中的最值问题，感受数学建模的魅力。

2. 测量旗杆高度

活动规则：利用传统测量工具（皮尺、三角板、量角器、标杆）测量学校操场旗杆高度。要求：写出设计方案及原理（方案要有可行性、科学性，可团队完成）。

活动目的：让学生初步感受一些数学建模的方法，比如：控制变量法、猜想、归纳、证明等。

（三）竞技活动

1. 数字华容道

活动规则：用尽量少的步数，尽量短的时间，将棋盘上的数字方块，按照从左到右，从上到下的顺序重新排列。恢复成（1～36）的顺序。

活动目的：提升逻辑思维能力、增强专注力、提升数感，建立数学思维。

2. 魔方

活动规则：三分钟内成功转出的选手按照转出时间排名（时间越短越好）。

锻炼手、眼、脑的协调能力，提高记忆力，提高整体观察能力和空间思维能力。

活动目的：有利于提高自信心、计算能力、反应能力、应变能力等。

3. 数独

活动规则：数独盘面是个九宫，每一宫又分为九个小格。在这八十一格中给出一定的已知数字和解题条件，利用逻辑和推理，在其他的空格上填入1~9的数字，使1~9每个数字在每一行、每一列和每一宫中都只出现一次。

活动目的：提升逻辑思维能力、增强专注力、提升数感，建立数学思维

（四）操作活动

利用几何画板或尺规作图绘制校徽

活动规则：用几何画板或用没有刻度的直尺和圆规绘制校徽。

活动目的：感受数学作图的魅力，体会数学之美，感受数学在图形设计中的应用。

本次数学文化 π 节活动开始前一周，我们班开展了数学文化主题班会"pi day"，与学生一起认识了大家最熟悉的数学符号"π"。我们从以下四个方面对π进行了全面的解读：

（1）π的趣味性故事与发展历史；

（2）"pi day"的起源；

（3）π的多元计算方法；

（4）庆祝"pi day"，热爱生活中的数学。

通过这节数学主题班会，学生认识到中国古代数学家祖冲之在数学研究上的执着和坚韧，体会到计算机对数学发展产生的巨大影响。同时，学生也感受到数学之美、数学之巧、数学之趣、数学之用在生活中随处可见。数学学习绝不是单一的做题，数学还有很多奥秘等待我们去探索发现。

## 四、数学文化 π 节活动总结与反思

"双减"政策背景下，如何在提升学生数学核心素养的同时，增强学生学习

数学的兴趣？我校第一届数学文化π节给出了答案。

对于学生而言，这是他们首次在学校参加如此丰富有趣的数学文化节活动。他们不仅可以在魔方、数学华容道等竞技类活动中展现数学天赋，收获成功的喜悦；也能在测量旗杆高度等建模活动中体验团队协作的力量。此外，校长的积极参与，以及全体数学老师和班主任的颁奖与认可，极大地激发了学生学习数学的热情。要让学生感受数学魅力，需要精心策划、认真实施，更要用心激励。在此次数学文化π节活动中，学生在玩耍中潜移默化地喜欢上数学。绝大多数学生都期望今后能多举办这类有趣的活动。

学生感悟一：世界之大，无处不用数学。从最简单的四则运算——加减乘除到高深的微积分；从代数到几何，再到函数。不管是多简单，或是多深奥，数学都运用于生活的方方面面。在这次数学文化π节活动上，我们三个小伙伴共同参与了测量旗杆高度的活动。从设计到争论，到实地测算和不断修改方案，我们都专心致志地投入其中。最终，我们也荣获了这次比赛的一等奖。这份荣誉离不开我们对数学的热爱，也感谢学校提供的器材以及同学们的热心帮助和支持。今后，我们将更加努力地学习数学，在生活中感悟数学的奥秘，探索更多数学的未知领域。

学生感悟二：自小时候起，我就对几何非常着迷。课余时间，我常用几何画板画一些几何图，从最开始的勾股树到后来的蔷薇曲线、心形曲线等。这些经历不仅让我对平面几何有了更加深刻的理解，还让我对一次、二次函数也有了更加直观的印象。对于魔方，那更是我的挚爱，每天回家我都要玩几回。它不仅可以训练我的手脑协同能力，还能锻炼我的空间想象能力，为我日后的立体几何学习打下了坚实基础。今后，我将一如既往地努力，找到更多有关数学的生活乐趣。

学生感悟三：此次数学节，我积极参与其中，并在两个项目中获得三等奖。这不仅使我对数学有了更全面、深刻的认识，更让我懂得了持之以恒才能带来真正的超常发挥。我以全班第二名的成绩，代表班级参加了数独决赛。24个人，

前9名有奖，可我是第10名。知道这个结果后，我其实一点也不懊恼，因为在数学节之前我完全没玩过数独，只是知道规则，在班上侥幸晋级后，输给了早有准备的人是情理之中的。当天，我还观看了魔方和华容道的比赛，发现每组都有几个人极其厉害，这绝对是他们经过不断练习的结果而非一时的"灵光一现"。

对于教师而言，能够以团队的力量为学生举办一次极具数学特色的主题活动，并看到学生如此喜爱，是一件令人深感骄傲的事情。我们深知，在课堂之外，学生拥有更广阔的学习天地。因此，我们要把教学的边界打开，秉持"活动育人"的理念，去发现学生的闪光点，挖掘学生的潜力。从最初的活动策划、比赛道具准备，到后来的组织实施，再到最后的颁奖宣传，每一个环节都凝聚着数学学科教师以及班主任团队的智慧与心血。我们致力于呈现数学的精妙之处，传递对数学的热爱，真正实现学科教学与学科育人的融合，推动"双减"背景下学科核心素养的有效落地。

教师总结一：学校的首届数学文化 $\pi$ 节活动内容丰富多样，学生参与度高，极大地激发了学生对数学学习的兴趣，也引发了学校师生对数学活动的关注。在活动中，学生锻炼了计算能力、观察能力、思维能力、逻辑推理能力。他们体验到数学蕴含的无穷乐趣，收获了积极的数学学习情感体验。此次活动对学生的思维能力有极高的要求，比如拧魔方时，学生要把魔方看成一个整体，整条整块地变动，要全面考虑。玩好魔方有利于提升自信心，对计算能力和应变能力的提高也有作用，尤其是对思维想象能力的培养作用显著。

教师总结二：经过班级初赛选拔出来的优秀选手参加了年级的决赛，比赛场面异常激烈。在紧张的氛围中，选手们颤抖的双手、额头渗出的汗珠，都成了这场精彩比赛的难忘记忆。通过这次活动，我们期望学生明白，数学文化节的所有活动不仅能够锻炼大脑的记忆能力、观察能力、反应能力以及双手协调能力，还能考验学生的智力和毅力。此外，这些活动有助于提升学生的自主学习、探究问题的能力，在实践活动中培养他们的合作精神，以及不断进取、勇于突破的精神。

教师总结三：我对"测量旗杆高度"这一活动印象深刻，因为该活动特别考验学生的知识储备。最出色的方案几乎都出自竞赛班学员之手，他们凭借较强的自学能力，通过团队协作，进行实地测量、科学论证与精准计算，最后以类似数学小论文的形式呈现成果，着实令人惊喜。作为教师，我们应当为学生搭建更多这样的探索平台，相信他们蕴含的能量远超我们的想象。虽然一年仅一个圆周率日，但是我们能够每天引领学生在精彩的数学世界中遨游；一年仅一次数学文化节，但学生可以每天像过节一样喜爱数学。令人欣慰的是，我校举办的这次活动受到众多学生的喜爱；令人开心的是，我们这群数学教育工作者也如同朝气蓬勃的少年一般乐在其中。数学的魅力是无穷的，它可以承载宇宙万物；数学的乐趣是无限的，它应伴随学子一生。

# 第六章

# 聚力齐心，共谱新篇

　　谈班级文化建设，李镇西老师的《做最好的班主任》以生动的故事展现了教师出神入化的班级管理艺术，让人深受启发；吴非老师的《致青年教师》则毫不保留地分享了其三十多年的教育经验，言语间既饱含理性又充满情感，发人深省，激励人心。

　　如何才能通过有效的班级文化建设，达成班级齐心聚力的效果呢？我们认为，"言传不如身教"，教师的引领作用至关重要。班主任通过开展各项班级活动等方式来建设特色班级文化，达到文化育人的效果。当然，班级文化建设涵盖诸多方面，比如班级墙报、图书角、文化长廊等的布置展示，以及班训、班徽、班旗等彰显班级特色的设计。这些元素构成了一个有机的整体，共同指向一个班级的使命、愿景和价值观。

　　在这一过程中，班主任应担当好引导者的角色，想方设法让学生参与其中，将大家的心凝聚在一起，让班级文化形成独特风格，让班级文化浸润师生心灵，营造良好的育人氛围，发挥强大的教育力量。

　　"文"以载道，这里的"文"当然可以理解为班级文化建设。因为文化是一个班级的灵魂，是立班之本、强班之基，其核心作用在于它是传播文化知识、塑造学生品格的重要阵地。

　　希望每一位班主任都能坚守自己的"阵地"，深入挖掘文化的内涵，让文化建设为班级赋能，共同谱写教育的崭新篇章。

# ① 自我管理，从建立班规开始

班规的建立，是班级管理与文化建设中不可或缺的重要环节，其重要性不言而喻。它不仅是维护班级日常秩序、营造和谐学习环境的基石，更是培育学生自律意识、责任感以及团队合作精神的重要路径。鉴于班规如此重要，我针对班规的制定和落实情况，展开了深入反思。

第一，班级是否具备明确的班规？答案是肯定的，大多数班级都制定了相应的班规，旨在规范学生行为，促进班级和谐发展。

第二，班规是否真正深入人心？令人遗憾的是，不少班规仅仅充当了墙面装饰，既未被班主任和学生牢记于心，也未能在日常行为中切实体现，导致其实际效果大打折扣。

第三，班规的执行主体是谁？是班主任全面监督，还是由班干部承担管理责任？明确执行主体，是保障班规有效实施的关键所在。既然如此，那么制定和执行班规应当遵循哪些原则？制定班规需要历经哪些步骤？又有哪些注意事项呢？

## 一、制定班规的原则

### （一）班规的制定要合法合规

在班规的制定与执行过程中，确实存在部分班主任行事过于随意，欠缺必要的规范性和法律依据的情况。这不仅可能侵犯学生的合法权益，还会给班级管理埋下隐患。一旦出现问题，教育者往往会陷入被动局面，甚至给学校和个人带来麻烦与风险。因此，我们强调班规的制定必须严谨、审慎，班规的每一项条款都应有明确的国家法律法规或学校规章制度作为依据，以确保其在合法合规的框架内运行。"依法执教，依法管班"，这不仅是保障学生权益、维护教育秩序的基本要求，更是班主任在班级管理中应坚守的底线原则。

### （二）班规的制定要合情

在广袤的世界里，每一片叶子都以独特的姿态彰显着生命的多样性。与之相似，班级作为教育生态中的微观单元，同样各具特色。面对如此千差万别的班级状况，并不存在一套能适用于所有班级的通用班规模板。因此，在制定班规时，深入了解学情是至关重要的一步。学情，简言之，涵盖了学生的学习情况、性格特点、行为习惯以及班级整体氛围等多个方面。只有基于这样全面的了解，我们才能制定出既贴合学生实际需求，又能有效推动班级和谐发展的班规。

### （三）班规的内容要简洁

学生的成长如同细水长流，需要时间的沉淀和耐心的培育。若急于求成、过度干预，可能会束缚学生自我探索的脚步，熄灭他们创新的火花。同时，这也容易使班主任自身陷入繁杂事务的泥沼，不仅减少了对核心教学任务的精力投入，也阻碍了对班级长远规划与战略思考的深度研究。

鉴于此，班主任应巧妙运用"抓大放小"的管理艺术，在制定班规时，力求精简高效，避免冗长复杂。班规的内容应直接聚焦班级管理的核心需求，语言精练、表意明确，既不是空洞的口号堆砌，也不是难以执行的烦琐条例。相反，它应是一份既具指导意义又便于操作的行动指南，旨在引导学生实现自我管理，促进班级整体朝着更加积极、自主、高效的方向发展。

### （四）班规的内容要具备可操作性

可操作性，作为规章制度的核心要素，是确保其从书面文字转化为实际行动的关键桥梁。因此，在制定班规时，必须紧密贴合本班级的实际情况与具体需求，精准定位并解决班级面临的突出问题，确保每一条规定都有的放矢，并具备可操作性。为了实现这一目标，班规需要细化，将每一项规定转化为学生易于理解、便于执行的具体行动指引。这里的可操作性具体体现在两个方面。一是班规中的每一项条款都应明确具体，直接针对班级管理中的特定事务。这样，学生能够清楚知道自己该做什么、怎么做，从而有效避免在执行过程中出现理解模糊的情况。二是班规的内容需充分考量学生的身心发展特点以及班级的独特性。这意味着班规不仅要契合学生的年龄特征、心理状态及行为习惯，还要紧密结合班级的文化氛围、学生习惯等实际情况，确保规定既具有针对性，又易于被学生接受和遵守。

制定具有可操作性的班规，要求我们在制定过程中既要从宏观层面把握班级的发展方向，又要从微观层面细化每一条规定。这样的班规既能发挥宏观的指导作用，又具备微观的执行效力，进而推动班级朝着更加和谐、有序、高效的方向发展。

（五）班规的内容需及时更新

班规确立后，须严格执行并灵活应变，随环境变化适时调整，确保班级达到"事事有人管，人人有事做"的状态。合理恰当的班规应当是大多数人能够遵守，仅有少数人偶尔违反的。之后，通过教育引导的方式，逐步减少违反人数，这才是班规作用的体现。当班规达到了无人违反的理想状态时，它当前的使命便已完成，这时便又该制定新的班规了，又或者在执行过程中，发现班规与实际脱节，班主任应主动召集全班同学，开展民主讨论，集思广益，共同修订班规。确保修订后的班规既具约束力，又充满人文关怀，成为班级和谐发展的坚实保障。

## 二、班规的制定

班规的构建通常包含三大核心方面：日常行为规范、个人品德修养以及学习流程管理。在制定过程中，关键在于紧密结合本班级的实际情况与特色，精准施策，而非追求面面俱到的表达。若班级在习惯养成方面面临挑战，则应将重点放在强化良好习惯的养成上；若学习纪律成为制约班级发展的瓶颈，那就集中精力优化纪律管理。这样的策略能确保班规具有针对性，助力班级在关键领域取得显著进步，推动每一位学生的全面发展。

在班规的制定过程中，我们倡导一种师生携手、以学生为主体的共创模式，旨在通过一系列精心设计的步骤，让每位学生都成为班规制定的积极参与者。以下是这一过程的详细说明。

班规预热阶段：新学期伊始，我便在班级集会上为班规制定埋下伏笔，明确告知学生，接下来将在班会上共同制定班规，并鼓励他们利用课余时间，围绕学习、纪律、卫生、体育锻炼等核心方面，进行深入思考与准备。这一预热举措，不仅激发了学生的参与热情，还为后续的讨论筑牢了思想根基。

分组制定环节：随后，我们将班级学生分成为若干小组，每个小组都承担着将班规的大致框架细化为具体条款的重任。在团队协作中，学生对班规的主要内容逐条探讨，集思广益，将各自的想法与见解融入其中。这一过程不仅锻炼了学生的团队协作能力，也让他们在实践中学会了如何表达自己的观点及倾听他人的意见。

形成草案阶段：在各小组的努力下，一份份凝聚着学生智慧与心血的班规草案逐渐成形。此时，班主任作为指导者适时介入，与学生一起对草案进行梳理与完善。在班主任的引导下，班规内容变得更加丰富、具体且具有可操作性，为后续的审议表决奠定了坚实基础。

审议表决过程：紧接着，我们进入班规草案的审议表决阶段。为确保每位学生的声音都能被听见，可采用逐条讨论的方式，鼓励学生积极发言，表达自己的看法与意见。最终，秉持少数服从多数的原则，通过举手表决的形式，确定班规的最终版本。

签字公示仪式：为赋予班规更强的仪式感与约束力，我们特别设置了签字公示环节。全班同学在纸质班规上郑重签字，这象征着对这份共同制定的规则的认可与承诺。随后，这份承载着全班同学共识与期望的班规被精心张贴在班级公示栏中，时刻提醒着每一位同学要遵守规则，共同维护班级的和谐与秩序。

总之，班规制定的全过程，不仅是一次规则确立的实践，更是一次深刻的教

育历程。它让学生在参与中学会认识班规、了解班规、记住班规、运用班规，更在无形中培养了学生的规则意识、集体意识与责任感。

## 三、执行班规的注意事项

### （一）要有合理的执行和监督机制

在班规的实施过程中，务必确保每位同学都承担相应责任，以形成"人人有职责，事事有监管"的良好管理局面。具体来讲，每一项班规都应明确指定对应的监督者，并将这种对应关系清晰记录下来，以便所有成员都能了解并遵守。这样的设置不仅强化了班规的执行力度，还提升了班级的自我管理效能。

为持续评估监督机制的有效性，可定期召开班会，对近期的班规执行情况进行总结。这些总结会不仅聚焦具体规则的执行成果，还会深入探讨监督者履职表现与成效。通过集体讨论与反馈，能够及时发现并纠正执行过程中的偏差，保证监督工作到位、公正。同时，针对监督者的表现，也需建立定期评估与反馈机制。通过同学间互评、自我反思以及班主任或班级管理团队的指导，不断增强监督者的责任意识，提升其工作水平。如此循环往复，不仅能够推动班级规则的深入落实，还能在无形中培养学生的责任感、自律性和团队协作能力。

### （二）班规的执行要赏罚并举

理想的班规应当是赏罚并举、赏罚分明的。它既能通过正面激励，让学生感受到努力与成就之间的正向关联，进而更加珍视班级荣誉、热爱集体；又能借助适当的惩罚措施，让学生认识到错误行为的后果，学会承担责任、遵守规则。这样的班规，能够最大限度地调动学生的参与热情，在潜移默化中培养学生的责任感、自律性和团队协作精神，为班级的和谐发展以及学生的全面成长奠定坚实基础。

### （三）班规的执行需要温度

在班规执行过程中，需秉持适度与人性化的原则，防止走向过度严苛。有时，若班主任制定的班规过于严厉，可能会对学生心理健康构成威胁。因此，我们强调班规应当严而有度、张弛有道，既要确保纪律的严肃性，又要充分考虑学生的情感与心理需求。班规不应成为束缚学生身心的枷锁，而应成为引导他们健康成长、激发潜能的指引。

最后，班规的建立对于班级文化的塑造、学生品德的培养以及教育目标的实现都有着深远影响。它是班级管理与教育工作的有力支撑，值得我们给予足够重视。班规的制定和执行既是一门技术，也是一门艺术，绝不应成为教师控制学生的工具。学生是富有生命力、兼具思想深度与丰富情感的个体，并非所有的问题都能依靠班规解决。在班规之外，我们更应注重开展思想工作，用温情与理解构筑师生间信任的基石。在工作中融入爱与智慧，走进学生的心里，触动学生灵魂，共同营造和谐向上、充满活力的班级氛围。

# ② 缔造完美教室

细数我在某校的从教时光，我所带班级参加了四届班级文化建设评比大赛，且在每一届比赛中均荣获年级第一名。很多老师向我投来赞许的目光，觉得这成绩不可思议。可我想说的是，谁都渴望取得第一名，但是在开启一个全新班级，踏入一间全新的教室之前，我从未设定这个目标。我只有两个核心想法：其一，班级文化建设至关重要，它几乎承载着一个班级的底蕴与风貌；其二，班级文化建设绝不只是班主任的事，它涉及班级的每一位成员，包括学生、科任老师、班主任以及家长等，而主角一定是学生。只要达成这两个共识，便会有源源不断的动力和层出不穷的创意。班级文化建设也宛如新房装修，每天看着它慢慢变成我们共同喜欢的样子。至于最终的评比结果，仅当是一份额外的奖赏吧。

## 一、开学之前的准备

都说万事开头难，很多年轻老师可能会疑惑：班级文化建设应该从哪里入手呢？是布置黑板报、摆放绿色植物、设计班级口号，还是设计班徽？在我看来，最应先做的事是认识学生。在开学之前，我会根据报名表预先"研究"每一个学生，尽可能熟悉每一个学生的名字。如果报名表信息足够详细，还可以了解学生的家庭背景，这些都为后续的班主任工作奠定基础。开学后，老师应立刻让每位同学制作一张姓名牌，以便师生之间、生生之间能以最快的速度相互熟悉，打破隔阂，建立良好关系。

如果条件允许，争取在三天之内完成班级小组建设，并为每个小组拍一张充满仪式感的小组照片。小组建设的及时性和有效性，在很大程度上影响着今后班级建设的各个方面。一个小组就是一个微型学习共同体，是班级最核心的组成单元。

## 二、贯穿建设始终的民主

班级名称是班级文化的灵魂。班级名称的选定一定要遵循民主原则，切不可由班主任或几个班委代为敲定。班级名称不仅是一个班级的标识，更代表着班级的价值取向。"凌云九班"这个名称便是全体同学投票推选出来的。为何取名"凌云"？"会当凌绝顶，一览众山小。腾驾于凌云之上，方可一览万物。既要有远大的理想，也要有凌云壮志。拼搏与奋斗才是青春的底色，应当带着直上云霄的豪迈气势，勇往直前。"如今，同学们之所以对"凌云"二字认可，最根本的原因就在于民主理念的渗透。

班级口号"厚德载物，天道酬勤，逐梦九班，壮志凌云"也是全班同学在多次班会课上反复研讨后最终确定的。其中，"厚德载物"出自《周易》，意为道德高尚者能担当重大责任。这与凌云九班的班级理念高度契合，即秉持品德为先的原则，先努力成为一个合格的人。"天道酬勤"则表明上天会公平地回报那些辛勤付出的人。在九班，勤奋好学是同学们应秉持的正道，每一个九班人都应该明确这一点并始终践行。

每当遇到运动会、歌唱比赛等大型活动，每个班级都会准备一段班名解说词。这是让班级理念深入人心、彰显并延伸整个班级氛围与价值取向的绝佳契机。

## 三、培养有凝聚力的团队

在我所带的每一届学生中，总能发现几个特别有才华的学生。他们大多乐观、主动、热情，善于思考，富有创意，敢于突破。当询问他们对班级文化建设有何设想时，我总能听到很多别出心裁的方案。这些学生理所当然地成为班级文化建设的核心负责人，而我所做的就是培养和支持他们。

我始终坚信，学生有能力做好自己的事情。"筚路蓝缕，玉汝于成""追风赶月莫停留，平芜尽处是春山""须知少时凌云志，曾许人间第一流""青衿之志，履践致远"这四句话，是用PVC材质镂空打印的。在上墙之前，学生先用白色颜料把整个墙壁修复了一番。他们一边加热固体胶，一边一个字一个字地粘上去。这项浩大的工程前后大概花了一周时间。我还调侃他们说，要是用泡沫板就好了，最多三分钟就能搞定。但是，当他们最终完工时，你才会真正明白，什么叫"一分工夫，一分精湛"。他们心底所追求的，不只是贴上那几句话，更是要把最好的作品献给凌云班。

当然，我也会提出一些自己的看法，并叮嘱这几位核心负责人做好充分准备。今年年级组检查的时间是周三，但周三只是临时抽检，于是宣传委员提前好几天准备的解说词，一直到了周五才得以展示。看到他们自信阳光地向评委们宣讲时，我不禁感慨："只要你愿意给学生足够的平台，他们一定会呈现精彩绝伦的作品。"

## 四、学生作品是最棒的素材

教室里几乎所有的作品都出自学生之手，有书法、素描、漫画，还有油画。你虽然可能记不清这些是哪些同学的作品，但这丝毫不影响你对它们的赞赏与喜爱。对学生而言，自己的作品能够在班级展示，本身就是一种荣耀。教室得到美化，学生作品得以展示，真是两全其美的事情。

班级的新书柜到货了，该由谁来组装呢？这样的美差自然落到了班级男生身上。于是，在午间休息时间，几个动手能力强的男生就开始忙碌起来。一个拿钉子，一个撑着板子，还有一个拧着螺丝，他们配合得十分默契。我把学生劳动的照片发到网上，有个朋友还打趣说："这是数学与工学完美结合的实践案例。"可不是嘛，空间与几何、劳动与艺术在此刻展现得淋漓尽致。当然，也有失误的时候。后来，学生又组装了一个花架，由于考虑不周，组装时左右顺序不符合逻辑与实际，他们不得不拆掉重新组装。不过，这样的经验在课本上是学不到的，对他们来说无疑也是一笔宝贵的财富。

## 五、学科建设融入班级建设

班级文化建设并非仅靠班主任一人之力，你看，语文、数学、英语、物理、化学等学科的作品同样精彩纷呈。我们充分征求各科老师的意见和建议，询问他们近期是否有学科活动。若有，那么优秀作品便可在班级最显眼的位置进行展示。这既是对学生优秀作品的褒扬，又能激发学生对各个学科的热爱之情。班主任在这一方面一定要学会借势发力，如此一来，不仅能够实现学科共育，而且可以促进学科共赢。

## 六、自主自律赢得自尊自信，让文化折射精神的魅力

班级文化建设一定要注重推陈出新，我们班就有两个最为出彩的板块。

一个是"凌云论剑"。相对于密密麻麻的陈列方式，我们班专门设计了一块留白区域。这块白板专门供学生自由发挥，大家可以在上面自由书写任何大家觉得有思想、有价值的内容，只要内容积极健康，便没有任何限制。解题小技巧、浪漫小点子……此前书写最多的是与数学有关的内容，比如逻辑学、悖论等，甚至还设置悬赏求答，引来众人纷纷驻足观看，可谓赚足了人气。后来，内容得到进一步丰富与拓展，这里就像一个自由的天地，无拘无束，任由思维飞扬，静观思想巅峰对决。

另一个是"凌云者，壮志成"。左边展示的是学生的小组建设成果，代表着凌云者们的团队风采；中间是学习园地，上面张贴的是定期更换的班级学科优秀作品，下方是数理化每日一题的领取处；右边则是九班学生向往的各类名校目标。

这两个板块集中体现了学生的自主与自律，真正地诠释了唯有不受束缚的自由，才能激发内心的主动性，这种源自内心的动力才是真正的内驱力。当学生愿意分享自己的目标与理想，也愿意和大家分享自己的研究与发现时，便能看到一个个愈发自信自强的凌云少年。

作为班主任，我想对学生说，教室再美，也不及你们阳光般的笑容灿烂；奖状再多，也不如你们的自信和勇敢。因此，对于一个班级而言，班级文化建设绝非为了评比而做的表面文章，而是着眼于每一个学生素质的培养。班级文化建设是智育、德育、心育的有机融合，它让学生成长的过程清晰可见，既关注学生的当下，更展望他们的未来。

#  最美的教室，最好的时光

在我的心中，一直珍藏着一个地方——那是曾经少年梦想生长的地方，教室，一个平常却意义非凡的地方。在这里，我们可以看书、听课，也可以在不经意间思索远方……它是青春的不朽之城，是年少时热烈的相拥，是永远定格的十二三岁，连空气里都弥漫着少年的气息。

教室是学习的主阵地，是学生朝夕相伴的另一个家。创建一间"最美教室"，并非仅仅是建设一间设施齐全的学习场所，还包括营造学生喜欢的教室环境、构建友好的人际交往氛围、创设美好的学习氛围以及搭建学生成长的平台。苏霍姆林斯基曾说："无论是种植花草树木，还是悬挂图片标语，或是利用墙报，我们都将从审美的高度深入规划，以便挖掘其潜移默化的育人功能，最终让学校的墙壁也能'说话'。"因此，教师在进行教室的环境布置时，应以营造简洁、清爽、明丽的氛围为目标，期望能激发学生的学习热情，陶冶情操，让他们快乐学习、快乐成长。

## 一、让教室的布置主题化

每次教室布置都围绕一个主题展开，涵盖学校课程、班级活动、学科项目、节日文化四个方面，并充分利用黑板、墙面、门窗、墙角及走廊等空间。本次班级文化建设主题为"爱与成长"。我们汇集学生的智慧，打造独特风格，让学生时刻沉浸在无声的养成教育之中。

## 二、让教室的墙壁会"说话"

教室的墙壁是会"说话"的，它记录着学生成长的足迹，也展示着学生的精神风貌。教室墙壁的布置主要集中在黑板报、教室内墙面、教室外墙等区域。

（1）黑板报布置。以毛毡板为底板的黑板为例，主要选用海绵纸、泡沫、立体墙贴、彩色卡纸、KT板等手工材料作为布置板报的主要材料，并用图钉将其固定。黑板报的内容包括小组照片、团建小报、小组文创等。例如，班级中的小组团建小报布置成爱心形，这颗"爱心"是班级布置的中心图案，满载着爱、团结和希望，它会在全班的每个学生心中向下扎根，向上生长。

（2）教室内墙布置。主要以学生的新学期目标、心愿、榜样展示以及"我爱我家"的亲子照片墙为主。利用卡纸制作或定制一些墙面的装饰元素，让班级每位学生都参与进来，他们可以贴上自己写下的新学期心愿或目标，也可以贴上亲子照，增添友爱的氛围。

（3）教室外墙布置。以学校特色文化和爱校文化为主线，同时展示各学科的优秀作业或特色作业，如思维导图、书签制作、地图绘制、阅读分享等。这些展示不仅增进了师生、生生之间的了解，也为学生搭建了一个展示自我的平台，激发了他们学习的内驱力，使他们获得了学习的成就感。此外，外墙上还应设置一张"名片"，包括班名、班徽、班级课表、班级理念、班级愿景、班主任寄语以及一张班级大合照。外墙布置多展示班级丰富的活动，倡导爱国、爱校、爱家、爱自己的核心文化，让学生自信大方的同时，拥有博爱的胸怀。

## 三、让教室的区角功能化

要让教室环境变得温馨，有家的感觉，除了进行装饰性布置之外，教室特色文化区角建设还需要注重角落的实用性打造。角落里摆放的置物柜和物品要能给学生的校园生活和学习带来便利，产生积极的影响。

（1）公益角、生活角、卫生角。

公益角：摆放学习用品，以备师生不时之需。

生活角：摆放药箱、洗手液、纸杯、纸巾等物品。

卫生角：摆放清洁工具。

（2）公告栏。

这块公告板虽很普通，却是规则的公示窗口，默默提醒学生别忘记该做的事情。

（3）生态角和"我爱我家"立体植物墙。

绿色，是生命的颜色，是健康的颜色。班级主要以绿色为基调，同时融入自然界的植物、彩虹、太阳花、雨滴等元素，期望学生能够在这种充满自然趣味的环境中，品味知识，感悟生活，自信健康地成长！

（4）图书角。

一间教室宛如小小的图书馆，图书可放置在教室的任何一个便于学生借阅的地方。为教室定做书橱或书架，既便于书籍保存，又方便学生阅读。老师还可以在书橱上巧妙布置，比如粘贴书籍的目录、展示班级读书榜样的名单、悬挂班级公约等。正如朱永新老师所言："一个民族的精神境界取决于这个民族的阅读水平。"同样，一间教室的精神境界也体现在其阅读水平上。因此，学生阅读图书的数量和质量，是衡量一间教室文化深度的重要标准。

## 四、让教室文化沁润心灵

班级文化作为一种隐性的教育力量，彰显着一个班级独特的精神风貌。它体现在班级口号、班徽等设计之中。

班级口号铸就班级精神。班级口号助力学生将目标内化，树立学生的信心，成为每个学生积极向上的动力源泉。我们的班级口号是"求索一班，非同一般！路漫修远，一往无前！"

班徽象征班级团结。班徽通常源于班级的口号或班号，它是一个标志，象征着大家从属于同一个班集体，团结一心。班徽的设计要素包含形态、色彩和材质，班徽的图案设计也围绕这三个要素展开。

以我们班的班徽（图6-1）及其寓意和设计理念为例：

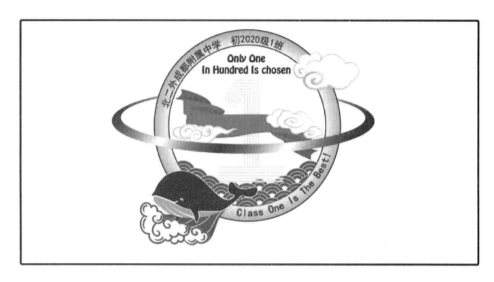

图6-1　班徽

蓝鲸：与一鸣惊人的"惊"谐音；

海浪：寓意乘风破浪、勇往直前；

红带：胜利的象征，并开始新的征程；

紫云：寓意人才辈出；

数字"1"：代表一班，由线条汇聚而成，象征团结；

星球：象征大家是一个集体，赤道恰似班规，有了班规，班级才能正常运转，更好地促进学习；

Only one in hundred is chosen：百里挑一；

Class one is the best：一班最棒。

总之，教室环境布置是一项较为全面、需要整体规划设计的工作。一间有温度的教室，是将看得见、摸得着的显性文化与体现班级制度、行为观念的隐性文化相融合，充分利用教室内外空间，为学生营造一个有温度、有美感的学习和生活环境。愿所有求索班学子在班级文化的熏陶下茁壮成长！

# ④ 班徽在心，凝聚成金

　　刚进入初中时，每一位学生都异常兴奋，同时对初中校园生活充满了陌生感与担忧。为了缓解焦虑情绪，在新学期的前两周，我在班里开展了一系列的班级活动。就像一场音乐会开演前需要造势一样，让学生从思想上快速适应初中生活，形成班级文化，并获得物化的成果。比如，我们班的班徽设计活动，就让学生感受到了班徽所体现的价值和意义。

　　杜威说过："教育即生活"，强调了教育与生活的紧密联系。展现班级特色文化，可以从班徽设计开始。学生人人参与，有助于挖掘学生的创造力、合作能力，增强班级的凝聚力，增进学生间的了解与信任。基于此，在班会课上，我提出：班徽须体现"自信、自律、志远、笃行"的班训，见班徽如见班魂，有助于学生对班级产生认同感和自豪感，能够激发学生的学习热情，并帮助他们树立远大目标。为了避免班徽设计流于形式、形态单一，我将学生分成了六个小组，集全组之力设计班徽，以此通过多种途径和手段构建更为和谐、民主、积极、向上的班级文化。

　　在小学四年级的《道德与法治》课中，学生对于班徽已经有了具体的认识。我们知道班徽是一个班级的标志，是班集体的象征，代表了一个班的奋斗目标。当见到班徽，犹如见到了班训，它提醒着自己努力的方向；当见到班徽，犹如感受到父母的期许，督促自己不断前行，勇攀高峰；当见到班徽，犹如见到了老师和同学，它汇集成一股强大的动力，助推自己勇往直前。

　　在设计班徽时，需要结合班训"自信、自律、志远、笃行"的内涵。于是六个小组分别呈现出了自己的作品（图6-2）。

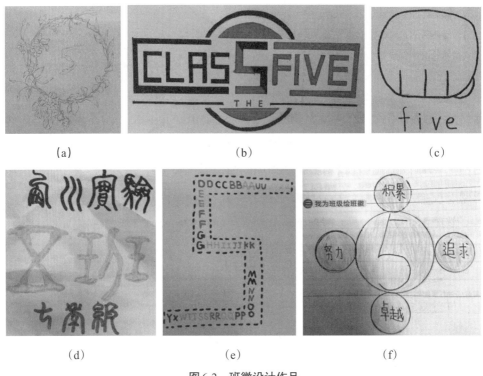

(a)　　　　　　　　　　(b)　　　　　　　　　　(c)

(d)　　　　　　　　　　(e)　　　　　　　　　　(f)

**图6-2　班徽设计作品**

有学生认为，只有多种图形的融合或者风格迥异的设计，才能体现班级的开明与特色，通过色彩的搭配才能凝聚全班的力量。比如图6-2（c）中的"拳头"这幅作品，该作品的创作者告诉我："刚进入初中时，内心是恐惧和慌乱的，所以我就想让自己静下来，我坐在书桌前，两只手刚好握成了拳头，深吸一口气鼓足勇气去面对后面的挑战。这时，我就想到了班徽的设计任务，所以我想到了拳头，它便代表了我们的勇敢坚毅，英文即代表我们五班。"实际上，每一幅作品的背后都有一个小故事，这个创作过程已开始凝聚学生们的心。

有了以上六幅作品，接下来就需要各个小组介绍自己的创造意图和灵感。其中"拳头"这幅的创作者解释道："五指合拢代表着团结一心，我们五班就要团结一心，努力拼搏。下面的数字"5"用英文表示，这样更与时俱进，也与我们的学习内容相契合。"对于他们的说法，其他组的学生基本上认同，但由于图案与色彩单调，这幅作品没有得到全班支持。学生在审视完六幅作品之后，最终决定投票给"CLASSFIVE"。首先，从视觉上的直观感受来看，它色彩鲜明，两种颜色的交替，显得简洁干练。大写字母"S"与"5"形的融合，展现出他们小组自己的创新设计。图案也结合了班徽通常使用的圆形标识和矩形，传递着纽带关系。根据学生的建议，在一圈圆环处添加了班级名称，并将班训"自信、自律、致远、笃行"也嵌入其中，最终设计成品如图6-3所示。

图6-3　班徽成品图

设计这个班徽的学生在诠释创造灵感时说："班徽的主体形状有圆和矩形，圆象征着团结美满，矩形犹如一座桥梁，引领我们走向胜利的彼岸。班级英文名称'CLASSFIVE'与数字'5'的融合，凝聚着全班的力量。红色代表了我们的热情与朝气，黑色代表了我们的决心与勇气，两种颜色的融合交替，预示着我们团结一心，齐心协力，勇往直前，成为全校的楷模。"这份信心就是班级精神的内涵，标志着大家从属于一个班级。班徽的产生，是一个班级精神的提炼，有助于学生体验到归属感和自我价值感。

在做好班级文化建设的同时，教师要努力提升学生的综合素养。为了增强班级凝聚力，教师可组织学生设计班徽。班徽象征着班级文化，代表着积极向上的精神。这一物质载体在各项活动中能体现其特殊价值，传递出师生共进的信号。因此，设计班徽务必做到全面、科学和创新，真正做到"以文化人、以文育人"。

# ⑤ 班级印章使用说明书

在初中班级管理中，班主任会遇到各种各样复杂的问题，包括学习习惯与学习方法的问题、日常行为规范的问题，以及学生情感方面的问题。这些问题既棘手又普遍，很多班主任都有自己解决问题的办法。其中，班级印章作为一种方法，在许多班主任相关书籍中也有文章介绍。作为小班化特色学校，如何激发学生的学习兴趣一直是我们不断探究的课题。那么，班级印章是否有这样的效果？怀着好奇的心态，我也进行了一番尝试，现在和大家分享我的使用心得。

## 一、班级印章如何设计？

名为"班级印章"，顾名思义，这个印章图案极具班级特色，难以复制，具有唯一性和象征性。我们班的班徽是由六班学长手工绘制的，经过放缩绘制成了印章。为了在我所教的另一个非班主任班级的数学教学中使用方便，我还将自己的姓"李"也融入了印章设计中。这样的图案独一无二，学生都非常喜欢。

## 二、班级印章怎么使用？

班级印章在不同的时期有着不同的意义和价值。使用初期，班级印章象征着荣誉和肯定。刚开始，我对印章的使用较为谨慎，目的十分简单：鼓励学生做好每天的作业。只要当天的作业能全对，我就会在作业上盖一个印章。得到印章的学生毕竟是少数，他们因此非常兴奋，正所谓物以稀为贵，这成了他们炫耀的资本。有了这样的动力，学生的学习热情很快被点燃。一个月内，学生绞尽脑汁，争取得到印章。

但是，任何方式都有一个限度。随着时间的推移，当绝大多数学生都至少有一个印章时，学生对印章不再感到稀奇，其象征意义也减弱了。那又该怎么办呢？尽管每个学生都获得了印章，但数量差异较大，多的二十几个，少的一两个。于是，我颁布了新的规定：两个印章可以换一支中性笔芯，五个印章可以换一块橡皮擦，十个印章可以换一个小笔记本，十五个印章可以换一个文具盒，二十个印章可以换一个文件夹，等等。这样一来，印章象征着兑换券，类似于班级货币，其数量优势就体现出来了。为了获得更多的印章，兑换更多的礼品，学生的学习热情再次高涨。

随着班级印章制度深入人心，很多学生在积极争取印章的同时，也提出了新的建议：其他学科作业完成得好、背书、默写全对、重大考试取得好成绩，以及做好人好事等都应得印章。经过深思熟虑，我欣然接受了学生的意见。

学生除了通过自己的努力获得印章外，还可以通过团队合作获取。比如，小组在各项评比中获得优异成绩，全组每位学生均可获得印章；黑板报团队在年级评比中获得前三名，每人都能获得相应印章；足球比赛获胜，全体球员获得印章……这样一来，班级印章既可以促进班级团结互助，也能激发学生的求胜欲望。班级印章成了团队之间的黏合剂。

到了初二，一些平常文具对学生的吸引力在不断减弱，这时，他们对印章的渴望不再那么强烈。因此，我对班级印章的使用又做了一些改进。

第一，印章不仅可以兑换文具，还可以兑换书籍。我会在网上提前购买一些适合学生看的好书，或者他们可以预约自己喜爱的有益书籍，由我负责网购。这能激发他们的热情。

第二，印章可以用来减免寒暑假作业。一般情况下，三个印章可以减免一页寒暑假作业。这个政策对学生来说具有很大的吸引力，同时，也具有很好的延续性。有的学生为了积攒印章来减免作业，平时学习十分刻苦。

### 三、班级印章管理的一些建议与思考

第一，印章制度务必公开透明，严格执行，及时加印。老师应杜绝个人主义，不能随意更改制度。我会在班务栏贴上对应的印章奖励制度及兑换制度，以

此从制度层面限制班主任的权限，同时维护班级的公平正义。无论多忙多累，当天的印章必须当天盖好，这既是对学生的负责，更是对制度的尊重。

第二，印章制度承诺的任何奖励，必须及时兑现，不能有所遗漏。学生有了足够的印章后，自然希望将印章利益最大化，此时为了满足自身需要，他们会选择自己的方式兑换奖品。而班主任要做的，就是准备充足的"军粮"（即奖品），迎接学生每一次自豪地前来兑现。

第三，印章制度要与时俱进，在征得大家同意的前提下，不断提升学生的获得率。其实学生在很多时候比我们想象中更为优秀，也更善于发现更好的契机。只要是合理的，对他们学习有利的，老师都应该与学生一起探讨新规的可行性。这一过程中可能会产生令人惊喜的效果。

第四，一定要防止个别学生的"炫富"行为。这种情况在我班确实存在。有的学生比较优秀，但性格好强，即使当天获得了五个印章，仍然在大家面前唠叨："哎呀，我今天才得了五个印章，太少了。"谁会喜欢这样的"炫富"呢？当然，班上还是有两三个同学，由于基础较差，学习能力较弱，获得印章较为困难，这势必会打击他们的学习积极性。作为印章管理者，要懂得灵活变通，比如可以设立艺术节、运动会突出贡献奖等，给他们更多的机会。这样才能让整个班级从印章制度中都受益。

第五，印章制度只是辅助班级管理的手段，老师和学生都不能过于依赖这一制度。虽然在三年的印章使用过程中，总体上能激发绝大多数学生的学习积极性，使整个班级学风良好，但是印章制度再好，也一定有它的不足之处，管理者也有考虑不周的地方。我们不能过多依赖印章，毕竟印章制度是固定的，人是灵活的。

我认为，班级印章在经过初始学期前一个月的磨合后再开始推进较为合适。经过这段时间的磨合，学生对班级已有了一定的认可度，也比较在意自己在班级的表现，此时，他们学习积极性很高，思维活跃。然而，到了初三下学期，这个制度可能就不太适用了。那时学生每天都忙着冲刺中考，不会仅为了几枚印章而学习了。

以上就是我对于班级印章的使用心得。在使用过程中，或许还存在很多不足之处或者不合理的地方，因此，教师需要在使用中不断思考，优化制度，发挥印章的积极作用。总而言之，班级印章并不神秘，它如同另一种形式的班级货币，是教育评价的一种方式。用好班级印章，本质上就是建立好班级的评价体系，教师通过印章对学生进行过程性评价、多元化评价，发挥印章的特殊性、及时性、可见性、激励性，从而促进学生全面发展。

# ⑥ 原创班歌，多彩生活

## 一、辜同学的创作历程

班歌《一路凌云》是我的第一首原创作品，并非我主动创作，而是在我肩负改写班歌的责任下，一次创新的尝试。

小时候，我学了几年钢琴，因练习枯燥、曲子单调，我考完七级便放弃了。后来，我接触到了吉他，发现自己爱上了这门乐器。或许是因为有钢琴的基础，我学习吉他的速度异常快，大部分吉他乐曲都是流行乐，我对此非常感兴趣。在有了一定基础后，我专门在网上搜寻好听的乐曲来练习，发现网络上也有许多像我一样的学生，其中不乏自己写歌并发布作品的视频博主。他们很厉害，从那时起，我忽然感觉自己要学习的还有很多。我曾经给原来的班级写过班歌，但只是用一首歌改了歌词，没有改变太多曲调。我也很想原创，但当我了解到写歌那一连串复杂的工序后，顿时打退堂鼓：我一个初三的学生，哪有时间写歌呢？

一次在家上网课的时候，我随便改了一首歌的歌词，在给班级提建议的时候发了出去，因此当上了班上的文娱委员。这让我对编曲的兴趣大增，我去弹了会儿吉他，谁料竟然灵感爆发，创作出了一段很好听的旋律。然而这是指弹曲（纯音乐），和歌曲还是有极大不同的。在网课期间，我一连写了三首吉他指弹曲，为我之后的创作奠定了基础。

回校后要选班歌。另一个文娱委员在和我交流时说我们可以尝试编曲，我瞬间茅塞顿开，编曲不就是自己写歌的意思吗？于是我便跟班主任说我们可以自己写歌。后来才知道，当初班主任的意思是选一首歌改歌词。但我已经在班主任面前夸下海口，又怎敢不有所作为呢？

于是我开始自己摸索，不懂的就在网上查，网上查不到的偏僻技巧就靠自己钻研。实际上我遇到了无数麻烦，但好在我肯花时间一一攻克。中途我也暂停了许多次，尤其是在写好歌词以及主旋律后，若不是在我过生日时，把半成品展示给大家，并且班主任说升旗仪式后让我进行展示，我真不敢想象自己能成功写好歌。所有人都知道了我在写歌，不管遇到多大的困难，我也得硬着头皮上。

配伴奏是最难攻克的一关，要用专业的编曲软件，需要准确的节奏，恰当的音调与音色……任何一个写的片段我都得反复听上好几遍。有时候实在找不着调子，我就挨个挨个试，只要时间够，有基础，铁杵磨成针……

班歌终于编好了。当同学们开始练习唱班歌时，在我心中，除了尴尬之外，更多的是满满的幸福。

（以上是辜同学的感悟）

## 二、班主任寄语

记得第一次给文娱委员辜同学提出选一首班歌的时候，我原本只是希望他能选一首脍炙人口、具有正能量的歌曲，从未想过他会以原创的方式来完成。记得那一天是他的生日，他们小组送他炸鸡作为生日礼物，他很感动，于是现场便第一次清唱了自己原创的歌曲。优美的旋律，励志的歌词，全班每位学生都听得入了迷。曲终，他赢得了班级经久不息的掌声。他说这首歌原本是写给自己的生日礼物，但从那天起，他决定把这首歌送给班级，作为凌云九班的班歌。经过全班学生的投票表决，最终决定将这首歌命名为"一路凌云"，作为班歌。

## 三、回首往事，感悟未来

从辜同学的创作历程中，我们可以看出他不仅热爱音乐，更是勤奋好学、乐观豁达、才华横溢。无论面临多少艰难险阻，他都能够积极思考，勇于探索，最终完美呈现作品。歌词也写得非常励志，表达了初三学子为梦想不断奋斗的顽强精神，却从不回避前进时的迷茫与遐想。《一路凌云》的歌词如下。

美好的遐想，思绪逐渐远航，

可现实苦无常，学习多匆忙，

书山压力大，沉下心拼一把。

未来的路呐，别害怕一起走吧。

昔日的韶华，化动力驱使出发，

追忆的地方，这恰是梦的开场。

人生的路呐，越笑越是自在，

希望遍面前，唯需慧眼发现，

天边连一线，虽不知尽头多远，却相信快乐无限。

歌词展现了和志同道合的伙伴们一起探寻人生的意义，体现了凌云学子坚持梦想、不怕困难、不服输的可贵品质。

回想起自己的初中生涯，也有过类似的经历。记得那年我读初二，也不知道当时哪里来的文学热情，有段时间我竟然特别喜欢写点东西，姑且也认为是写诗吧，虽然现在看来当时写得如此青涩、粗糙。我便会拿去给隔壁的语文老师请教，他总会给我很多有益的鼓励与指导。

有一次，我竟然突发奇想，给老师说想给学校写一首校歌，歌名叫《初升的太阳》。老师很支持我，前前后后指导我修改了四五遍，最终给出了"这首诗歌已较为成熟"的评价。当时的我绝没有今天辜同学的创作才华，更没有现在的网络学习条件，随后这件事也就不了了之。但是，我到今天还能体会到创作这首歌词时的兴奋感和自豪感。从这一点来讲，我是最能体会辜同学的那句："当同学们开始练习唱班歌时，在我心中，除了尴尬之外，更多的是满满的幸福。"

我没有听到我的同学唱我写的校歌，但是在二十多年后，我的学生圆满地完成了同样的梦想。我感到特别欣慰，无比幸福。辜同学，为你骄傲，你的好学与上进，你的坚毅与勇敢，你的热情与探索，一定会让你的明天繁花似锦，一路凌云。

# 第七章
# 教育同心，家校共育

著名教育家苏霍姆林斯基在《给教师的一百条建议》中指出：最完备的教育是学校和家庭的合作。只有学校教育，或者只有家庭教育，都无法完成培养人这一极其艰巨而复杂的任务。

2022年开始实施的《中华人民共和国家庭教育促进法》要求全社会重视家庭、家教、家风。家庭要培养德智体美劳全面发展的社会主义建设者和接班人。该法落实并明确了家庭作为教育的主体责任及学校作为教育的主导作用。

孩子的成长既离不开学校，也离不开家庭。孩子成长的根基在家庭，而成长的土壤是学校和社会。我们认为，家校协同共育的内涵在于整合家庭和学校两大教育共同体的资源，促进家长和老师之间的有效互动与交流，最终推动孩子的全面发展。

然而，尽管家长和学校都期望孩子能够健康成长，但是实际情况往往是"力不往一处使"。有的家长认为教育孩子完全是学校的责任，从而忽视了自身的职责，甚至完全不作为；一旦孩子出现问题，就指责学校失职。而有的家长则过度干预学校教育，对教师的教学方式"指手画脚"，导致学校失去了教育的自主权。这些错误行为都会导致家长与学校之间产生隔阂，进而阻碍学生的健康成长。

那么，如何才能发挥家校协同共育的优势，实现一加一大于二的目标呢？我们认为，班主任可以从以下几点入手：

一是借"题"发挥，提供专业指导。班主任应运用自身的专业素养关爱学生，在积极心理学的指导下，用正面管教的理念引导家校共育，切实帮助家长解决教育难题，从而真正赢得家长的尊重与认可。

二是加强沟通，拓展合作途径。教师应鼓励家长参与到班级建设中来，通过躬身入局与班级建立情感联系，共同助力班级管理。例如，可以组建家委会、开设家长课堂、建设家长志愿团等。

三是建立协同机制，形成教育合力。学校可以利用家庭的教育资源，将一些课程延伸到家庭中，如劳动教育、体育锻炼、课外阅读、科创探究等。在共育的过程中，逐步纠正家长错误的教育认知，培养其家庭教育的能力，共同守护学生美好的未来。

本章的精彩案例正是班主任和家长共同孕育出的累累硕果。他们以爱为核心，以信任为半径，通力合作、携手共行，在取长补短中共筑教育的"同心"圆，实现了平等、互助、共育、双赢的目标，让孩子获得了更好地成长。

**新学期来临，如何激发孩子内在的学习动力？**

每到开学之际，帮助孩子收心回校就成了家长们的一项重要任务。经过一两个月的假期，许多孩子将学习抛之脑后，逐渐失去了学习动力。对于学习动力强的孩子，家长往往比较省心，因为这样的孩子就像点燃了发动机的车一样，能够自行轻松前行。反之，学习动力不足的孩子，即使有再多人的推动，也较难在学习上取得显著进步。那么，对于缺乏学习动力的孩子，如何在新学期来临之时激发他们的学习动力呢？下面给大家分享一种以目标驱动学习动力的方法。

**一、帮助孩子制定目标**

阿德勒曾说："对优越感和成功的追求，是人性中一个关键的心理事实。"没有一个孩子不想变得更好，只是缺乏一个合理的目标。很多孩子会在新学期制定目标，但是没过多久就遗忘了，更谈不上实现目标。而设置合理的目标本身就是一种很好的激励方式。什么样的目标才是好目标呢？好的目标应该满足最基本的SMART原则：目标必须是具体的（specific）、可测量的（measurable）、可实现的（achievable）、与其他目标具有相关性（relevant）且具有时间限制（time-bound）。在制定目标时，家长要结合孩子的情况，和孩子一起仔细衡量目标是否满足以上原则。比如，"我要好好学习"这样的目标不够具体，不满足SMART原则，可以改为"在期中考试时，相比上次考试，数学成绩提高10分"这样具体的目标。

**二、帮助孩子制定计划**

当然，仅有目标还远远不够，目标制定出来就是为了实现。在制定目标之前，家长要和孩子充分沟通，了解孩子内心真正的想法，否则制定出来的目标可能只是家长的一厢情愿，无法真正驱动孩子的行动。接下来，应以终为始的原

则，将目标分配到每天的任务中。这个过程需要多花点时间梳理，结合最终目标去分析应该做哪些事情，根据截止时间倒推，家长和孩子一起再去制定每天的计划。计划要尽可能详细且具体，很多人无法将计划落实到行动上，主要原因是计划不够详细具体。除此之外，还要确保在同一时间内只做一件事情，避免计划安排得太满。

## 三、和孩子一起执行计划

在执行计划的过程中，家长和孩子共同营造利于执行的环境，确定固定的执行场地，设置可视化提醒，并规定执行计划时不能做其他事情。比如，家长帮助孩子养成每天的阅读习惯时，刚开始可以和孩子多去图书馆或书店，图书馆的阅读氛围会对孩子产生影响。当然，家长也可以在家里划出一片专属的阅读区域，一本书、一支笔、一个笔记本即可。注意，这个环境里最好只有孩子和阅读相关的物品，其他任何会分散孩子注意力的东西（如手机、小宠物等），都不要出现在这个环境中。在初期，家长的监督与帮助尤为重要，要帮助孩子养成定时做固定事情的习惯。除非有特殊情况，否则最好不要中断任务的执行。同时，在执行过程中，孩子可能会出现一系列的问题，家长要帮助孩子及时调整，以达到最合理的状态。

## 四、给予反馈形成正循环

孩子在执行计划的过程中，会面临两方面状况：一方面，随着时间推移，孩子容易感到疲倦；另一方面，他们可能会遇到各种各样的挑战，比如长时间没有收获就容易受挫。孩子能否坚持下去，很大程度上取决于反馈是否及时有效。因此，给予孩子正向反馈就至关重要。就好像许多人喜欢打游戏，就是因为游戏的反馈做得好，即使最后任务失败，游戏过程中每完成一个小任务都能得到及时奖励。当孩子没有取得进步时，这本身就会打击他的信心。这时，家长需要关注孩子执行的过程，并给予正面反馈，这样才不会让孩子失去学习动力。

总之，以上就是用目标驱动学习动力的四个步骤。这里有两个小建议：第一，可以让孩子和其他伙伴分享自己的目标，设定目标后，要让自己没有退路，全力以赴去实现，就像一个人翻不过墙时，更好的办法就是把背包丢过墙（先让自己没有退路）。第二，为了与孩子共同成长，家长可以与孩子分享自己的目标，进行亲子间的比拼。这些都是利于激发孩子学习动力的方式。就像种一棵树，最好的时间是十年前，其次是现在。家长赶快行动起来，和孩子一起制定学习目标吧，点燃孩子内在的发动机，让孩子能够在学习的道路上自主前行。

② 家校携手进行时，怎么组建和指导家委会？

家庭是人生的第一个课堂。父母是子女在生活中一切言行举止最早的启蒙老师。家校共育实质上是联合对学生最具影响的两股力量——家庭和学校，对学生进行教育。在教育活动中，家庭和学校应该相互支持、协作。家长和学校以平等地位，共同参与学生的成长过程，实现资源共享、优势互补，齐心协力促进学生的发展。这样一来，学校在教育学生时能得到更多来自家庭方面的支持，而家长在养育子女时也能得到更多来自学校方面的指导。而家委会就承担了家校联系的纽带角色，具有举足轻重的作用，可以说家委会是家校共育的基石。

## 一、如何组建家委会

在新班级建立之初，班主任需要在班级群发一条征集家委会成员的通知，在通知上写明家委会对于班级建设的重要性，以及班级对家委会成员的基本要求，比如：热爱教育事业、关心班级发展、一切以学生利益为重等。再由报名家长推荐产生会长，会长负责协调家委会成员职责，如班级信息管理、采购及出纳等。家委会主要负责家校联系与互动，共同商议班级的相关事宜，做好班级后勤保障工作等。

此外，班主任和家委会成员需要建立一个线上交流群，彼此之间应当建立深厚的信任与友谊。班级有任何动态，比如学生获奖及班级活动等方面的情况，班主任可以第一时间在家委会群进行分享。当然，班级决策也可以邀请家委会家长参与，听取并采纳家委会的建议，等时机成熟再在班级群宣布决策内容。这样既可以避免很多误会，也能提高信息传达的准确性和有效性。

## 二、如何组织和指导家委会

第一，文化参与——助力班级文化建设。以班级文化建设中的班徽为例，班主任在开学初期向全体学生征集班徽样稿，组织班内评比和遴选，由学生投票选出最佳作品。家委会成员凭借自身专长，完成最终的电子定稿。一件班级小事，充分彰显了家校共育的合力。在此基础上，班旗、班服、班级勋章、班级吉祥物等班级文创成果的呈现，都离不开家长、学生以及老师的通力合作。家委会还邀请擅长书法的家长为班级题词，将"立身以立学为先，立学以读书为本"作为班级文化建设的一部分。在班级文化建设方面，家校共育能够让班集体更加团结。

第二，劳动示范——推动班级农场建设。学校为每个班级划分了一块地，用于蔬菜、瓜果甚至各种花草的种植。家长全程参与了设计和种植过程。老师、家委会及学生一起进行整体规划，然后大家又分头去市场采购，共同种植、维护。家委会在此过程中发挥了良好的示范引领作用。有位家长说："咱们班的菜园要做成全校最好的，咱们做什么事都要竭尽全力，力争第一。"等到蔬菜成熟了，学生通过认购的方式将其带回家，做成菜与大家分享。这样的家校共育既务实，又充满正能量，还能给学生提供亲身实践的机会。

第三，家庭温暖——传递家的力量。以我自己带班的经历为例，每一届学生班级都曾开展"阳光总在风雨后"的挫折教育主题班会。其中有一个环节就是分享家长给孩子写的书信。家长站在长辈的角度，为孩子在成长过程中提供了很多建议与帮助。会后，我也要求孩子给家长写一封回信，以此表达对父母养育之恩的感激。这样的共育更有力量。为了给孩子营造一个有斗志而不失温馨的学习氛围，家委会都积极贡献力量。最后呈现出极具仪式感的集体祝福派对及全家福，让每个孩子都感受到家长时刻陪伴在身旁。有了家长的支持，家校共育更显温暖。

第四，分享展示——丰富家长会交流形式。开家长会时，班主任可以分析班级的发展情况，并为家长提供一些实用的建议，当然也可邀请家委会成员与其他家长进行面对面交流，这样能使家长会的形式更加丰富、更接地气。同为家长，这种交流往往会更有效。

第五，家长讲坛——开展家长小班会。家长讲坛为孩子们搭建了知识拓展的平台。我们可以邀请有特长的家委会成员走进班级讲课，这也是家校共育的重要组成部分。例如，杨同学的妈妈就以"多肉的种植与栽培"为主题，详细介绍了多肉植物的相关知识，最后还特意赠送了几盆多肉给班级作为装饰。孩子们对此兴趣浓厚，也从中体会到了拥有自己的爱好与兴趣对人生的重要意义。李同学的妈妈是一名护士，她从专业的角度解读了一个人从妈妈怀孕到长大成人所经历的每一个阶段。这样的分享让孩子们更加理解父母的养育之恩。家长讲坛这个平台不仅拓宽了孩子们的视野，还增进了亲子关系。

第六，亲子活动——组织综合拓展。班级的各项外出活动都需要老师和家委会共同商量、精心策划，其中涵盖路线、费用、保险、吃住等问题。比如，可以策划全班同学一起去徒步、爬山等，锻炼意志，感受自然；可以组织全班同学一起去兴隆湖参加环湖赛跑，之后再一起静静品读好书；还可以策划毕业典礼庆祝仪式，全班同学一起挑选礼物、布置会场等。家委会以实际行动向孩子们传递做人做事的道理。

第七，凝练升华——借助微信及公众号。为了让更多家长都能全方位了解班级活动，我们班级创设了班级公众号。班主任、家长或孩子都可参与投稿，在公众号里记录孩子们的点点滴滴、活动感悟。公众号也成为教育方法交流的平台。家委会积极参与公众号的宣传与编写工作，以文字形式参与班级的管理。秉持教育初心，不断优化和改进教育理念，家校共育助力学生成长。

家委会无疑是家校共育的重要黏合剂，但在家委会参与班级管理的过程中，班主任不能过度依赖家委会，家委会不应事事都参与。家委会和班级管理之间需要设定明确的界限。班主任必须始终明确，在学校教育中，教师才是主体，家委会成员的角色是协助班主任管理班级。哪些事只能由班主任亲自处理，哪些事即便家委会也不能参与，这些都需要班主任谨慎思考。在班级管理过程中，也曾出现个别班级"成也家委会，败也家委会"的现象。总之，班主任若想把班级建设得更好，把学生培养得更优秀，与全班家长相处得更加融洽，那么家委会就是班级建设中不可或缺的一部分。

#  ③ 从独角戏走向共舞，家长进课堂怎样开设?

家庭和学校是教育综合体的两个重要组成部分，它们相互支持、共同努力，实现资源共享、优势互补，齐心协力助力学生的全面发展。家校共育的力量不可小觑，邀请家长进课堂是班主任应该坚持做的事情。如今的孩子涉猎知识面极为广泛，学校的授课远远无法满足孩子内心对知识的需求。即便学校提供了丰富的选修课程，也不能满足孩子日益增长的求知欲。

家长进课堂是很多学校积极倡导的家校共育模式，同时也是孩子最喜欢的班会课形式之一。这一举措不仅能够最大限度地发挥家长的专业优势，让家长参与到孩子的成长中来，还能在教室这个有限的空间里拓宽孩子的视野。

## 一、发起"家长进课堂"的倡议书

在新班级建立之初的第一次家长会上，班主任可以率先发起"家长进课堂"的倡议，向全体家长正式发出邀请，诚邀家长积极参与班级德育建设，共同呵护孩子健康成长。

在陪伴每届学生成长的过程中，每个班级都有非常多的家长愿意参与到"家长进课堂"活动中来，该活动的内容涵盖心理健康、青春期教育、学习方法指导、科普知识介绍、农业发展、运动与健康、生活与美食、兴趣培养、意志品质养成以及急救常识等多个领域。孩子对这些内容感到新奇，兴趣浓厚。而参与活动的家长也能获得极大的成就感。这种成就感不同于他们在工作中获得的成就感，因为它源于可能通过自己的某个观点或某句话语，就对某个孩子产生影响，进而促使其发生我们或许都难以想象的积极改变。这也许就是教育独有的魅力。

## 二、颁发"家长进课堂"的荣誉证书

每一位进课堂演讲的家长都对班级建设给予了莫大支持。进课堂的家长需要精心准备演讲内容，安排好时间，做好充分准备，他们必定热情满满。这样的举动是一种无私付出、不计回报的行为，家长单纯想在孩子成长路上成为默默的陪跑者。作为班主任，我深受感动，因为有这样一群了不起的家长，他们参与了一项"伟业"，他们的付出值得被认可和肯定。因此，在"家长进课堂"活动结束时，可向演讲的家长颁发大红荣誉证书，并由孩子亲手为自己的爸爸或妈妈颁奖。这一举动会让参与活动的家长感到自豪、温馨、浪漫和幸福，这种感受也一定会同时烙印在孩子和家长心中。班级给予这个活动满满的仪式感，几句简单的感谢话语，表达了班级对演讲家长崇高的敬意。

## 三、分享"家长进课堂"的感悟

任何一个班级活动都应呈闭环的状态，而"家长进课堂"活动更是如此。它被定义为课外拓展或情感共鸣体验活动。在每次演讲结束时，一方面，班主任应该把正能量分享出去，将家长群中的意见、建议、收获和感受进行汇总展示。很多家长表示，孩子对这种形式的活动特别感兴趣。家长的认可和赞赏，也为"家长进课堂"活动的持续开展提供了动力。另一方面，孩子才是这场活动的"大赢家"。班主任需及时引导学生将他们的收获和感悟记录下来，让这些收获持之以恒地指引他们，陪伴他们成长。

以下分享两个"家长进课堂"的案例：

**案例一：关爱青春期**

杨爸爸带来的"家长进课堂"主题是"关爱青春期"。杨爸爸从一个人的出生讲起，对生长发育的每一个阶段都做了详细讲解。孩子们从中知晓了青春期的界定，以及如何正确认识自己的身体。从生理结构上，他们也明白了男生与女生的发育差异，从而避免因对自己的外形过分关注而产生不必要的体像烦恼。杨爸爸强调，青春期并不意味着绝对的叛逆期。他从心理学的角度给孩子们讲解了青春期时人的普遍心理——渴望摆脱依赖，成为独立自主的人。通过讲解，孩子们了解了青春期可能出现的心理现象，并掌握了应对这些现象的科学方法。杨爸爸的讲解引发了孩子们的强烈共鸣。他进一步指出，青春期的孩子在饮食上应该注意哪些细节，蛋白质、脂肪、碳水化合物、矿物质和水都是人体每天必需摄入的营养物质。他强调，均衡饮食、多喝水、少喝碳酸饮料等科学的饮食习惯才能让我们每一个人健康成长。最后，杨爸爸总结道，青春期的我们不仅要有健康的身体和心理，还要努力遇见更好的自己，做一个内心富足的人。所谓"腹有诗书气自华"，而能够帮助大家做到这一点的，就是好好读书，让自己的气质与才华在谈吐中尽情展现。

**案例二：一粒米的战役**

杨妈妈带来的"家长进课堂"主题是"一粒米的战役"。杨妈妈是一位高级农艺师，她向孩子们提出了一个问题："为什么要学习语文、数学、英语、生物、地理等这么多的学科？"接着，她引导孩子们通过"一粒米的战役"来了解什么是植物保护，并探讨如何运用各学科知识保驾护航，打赢这场"战役"。

杨妈妈的演讲从秧苗的一生开始：育苗期、出苗期、分蘖期、插秧（移栽）期、拔节期、孕穗期、抽穗期、开花期、成熟期和收获期。重要病害包括稻瘟病、稻曲病、稻飞虱、沙漠蝗等。稻飞虱有翅膀，一般情况下可以飞得很远。沙漠蝗能借助气流飞得很远很远，饥饿状态下，遇到啥就吃啥。通过以上信息，孩子们发现：要了解稻飞虱、沙漠蝗，必须学好生物；也理解到植物保护工作者主要是保护植物不受病虫害威胁，保障粮食、果树等作物生产安全。

面对病害的发生，我们可以通过查阅资料来了解相关防治方法，这时候就要用到英语和语文的阅读功底，以便更好地理解和分析资料内容，进而进行梳理、归纳和整理，从而制定思路和开展研究。以稻飞虱为例，我们应该先识别它，再了解它，最后控制它。识别稻飞虱可以用T视镜、分子识别等技术手段，甚至提取DNA进行精确识别。以"从哪里来""怎么来的""为什么有的稻田有稻飞虱，有的稻田没有稻飞虱"的角度了解它。最后得出结论：稻飞虱从距地一定高度的高空顺风飞来，聚集在颜色鲜绿、植物稚嫩的稻田上。当然，我们还可以运用数学分析把指标转化成数据，用地理知识判断稻飞虱来自哪里等，用知识的力量来有效地解决这个问题。

在最后的分享环节，以下同学发表了自己的看法和感悟。

彭同学：粮食的重要性再怎么强调也不为过。吃饱饭的人类，才可以集结成所向披靡的军队，建成无所不能的工厂，也才能利用多余的能量去琢磨艺术等精神层面的东西。而到我们口中的健康粮食，又要经过多少工序呢？我们都无法想象。以前，我们对于劳动的理解就是原始的体力劳动，其实不然，它也需要科技。今天，杨妈妈就讲了除去稻飞虱需要的步骤，这需要我们查阅大量资料，用几十年的时间去探索稻飞虱的生活规律，了解它们的习性，从而消灭它们。在这个过程中，我们用到了地理、数学、语文等多方面的逻辑思维，让我很震撼——小小的一粒米竟然蕴含了这么多知识。因此，我们更要厉行节约，反对浪费，珍惜当下美好的生活。

张同学：今天，杨妈妈为我们带来了一堂主题为"一粒米的战役"的班会课。这堂课给我最深的体会是，不论现在学了什么，将来总有可以用到的地方。就拿阿姨讲的稻飞虱为例，一个还不及我们指甲盖几十分之一的小虫子，为了防止它对稻田造成极大危害，人们要用几十年的时间来观察、了解它。在这个过程中，第一步就是要查阅资料，这一步要用到的知识还不少。比如，在上网查阅的时候，我们要学会正确使用计算机和互联网；在阅读资料的时候，我们要有较强的阅读总结能力。第二步是梳理架构，这最考验我们的逻辑思维。至于第三步和第四步，即制定思路和开展研究应用，需要用到的知识就更多了。学习是无止境的，我们要始终在学习的道路上越走越远。

王同学：严谨是科学工作者最突出的态度，对待农作物亦是如此。今天，给我们带来精彩班会课的杨妈妈，就是一位十分严谨的植物科学工作者。一开始，杨妈妈问了我们一个问题：如果让我们自己来治理蝗灾，我们会怎么做？大家的回答五花八门。其实，要想更好地治理蝗灾，首先要找到它们的"老家"，即它们的来源地。其次是识别，这有两种方式：一是形态识别，简单来说就是通过外观来判断，但就像人不可貌相一样，虫子也如此，所以我们应该更深入些。二是分子识别，在这里，我们要下田抓一只小虫子，把它的血液提取出来，观察它的脱氧核糖核酸（DNA），找到它与其他类似虫种的不同处。至此，我们的防护工作已经完成了大半。剩下的就是防控，而防控的手段也是多种多样的，比如利用天敌进行生物防控等。而完成了这一道道烦琐的工序后，一粒粒饱满的米饭才能出现在我们面前。在此之前，我只知道农民伯伯种植粮食很辛苦，却从不知道粮食如此来之不易。总而言之，我们应该节约粮食，坚决向一切浪费粮食的行为宣战！

班主任在结束时对本节课进行了点评：这堂班会课，表面上是以植物保护为主题，但实际上蕴含了丰富多元的内容。比如，它弘扬了科技兴国的精神，致敬科技工作者；倡导了光盘行动，彰显劳动之美、节约之荣等。杨妈妈是专业的科技工作者，听她说本来这个内容是给学校的本科生上课用的，可今天孩子们的表现着实让她惊叹，真可谓是"青出于蓝而胜于蓝，长江后浪推前浪"。我想说，孩子们，你们是幸运的，入学第一年就能接触最前沿的科技，近距离了解科技工作者的研究思维与方法。此刻在你们心中播种下的科学梦想种子，或许也为你们的人生打开了无数种新的可能。我还要称赞你们，孩子们，你们是最棒的，从你们的问答中，我能够看得出你们有很高的人文素养，也有敏锐的科学眼光。你们对科技工作者的敬意，让我看到了未来中国的希望。视野与眼界，决定了一个人的人生格局，我相信，你们的未来将不可限量。

最后，家校共育是一项长期的工作，它既需要学校方面进行顶层设计，也需要班级层面的个性化落实。不仅要让家长乐于参与学校、班级的各项活动，还要引导家长主动去学习更多有效的教育策略，不断更新教育理念。我们期望家长能在任何时间、任何地点都以教育者的身份去行使自己的职责，以身作则，行为示范，肩负起一个家长应该肩负的教育责任。

　　"家长进课堂"活动已经在多次的教育实践中取得了成效，有效凝聚了家校合作的力量。未来，我们将继续探索更多的家庭教育活动内容和形式，以学校为轴心，家校共育，让在家校和谐培育下的孩子如同春天般充满生机与活力。愿我们与家长共同托起明天的太阳，为祖国的繁荣富强贡献力量。

**孩子出现畏难情绪时，家长应该怎么办?**

大多数孩子在小学阶段，学习情况相对稳定，家长也较为轻松。上了初中之后，随着学习难度逐渐增加，孩子在学习的过程中容易遇到各种问题，其中比较常见的便是畏难情绪。比如，做数学题时，遇到文字多的题目便不想阅读；遇到图形复杂的题目就不愿意梳理；遇到没见过的题型便不愿意尝试等。这些都是畏难情绪的表现。如果畏难情绪长期得不到解决，容易使孩子养成遇到困难就放弃的习惯，进而形成习得性无助，这对孩子的学习和长远发展都是不利的。那么，这样的问题该如何解决呢? 家长可以从以下四个方面进行处理。

### 一、理性看待——畏难是生命的本能反应

当孩子出现畏难情绪时，作为成人的我们首先要摆正心态。对于困难的恐惧，是人的正常心理反应，不仅孩子有畏难情绪，就连成年人在面对棘手问题时也可能会慌张。回想一下，我们自己也曾有过面对棘手工作时拖延的经历。所以，当孩子出现这种现象时，家长首先不要去责备他，更不要随意评价孩子的品质，比如指责他懒惰、不爱思考等。相反，家长应站在孩子的立场，和他一起面对困难，找寻解决问题的办法。

### 二、给予勇气——失败并不可怕

孩子出现畏难情绪，大多是觉得自己不会，害怕做错了被老师批评、被家长责备。所以，当孩子做错时，家长的态度尤为重要。要让孩子感受到，无论能否成功，家长都依然爱他。这种无条件但有原则的爱，可以给予孩子充分的安全感，让他毫无畏惧地往前冲。与此同时，家长也可以和孩子分享一些自己曾经面

对困难的经历，比如工作上遇到的棘手任务、生活上遭遇的困难等，让孩子产生共鸣，给予孩子尝试的勇气。最后明确地告诉孩子，当我们痛苦时，不要在痛苦中迷失自己。逃避解决不了任何问题，至少自己要去试一试，即便失败了，也能清楚自己失败之处。这样在下次遇到类似的问题时，才能更好地解决。

## 三、拆解问题——过程比结果更重要

心态摆正之后，还要和孩子一起解决问题。人的害怕大多源自不确定性，当孩子面对不知从何下手的问题时，不妨先教孩子将问题拆解。以做数学题为例，很多孩子因没看懂题目，脑袋里就像一团糨糊，越看越乱。因此，如果审题有困难，那就一句话一句话地多读几遍，找出是哪一句没有理解清楚；如果图形复杂，那就跟着题目一步一步地画图，感受图形的生成过程；如果找不到解题方向，可以从终极目标倒推，尝试解决一些小问题。可以问问自己："我还可以解决哪些小问题？"这样一步一步地将问题拆解，最终问题不一定能全部解决，但至少孩子尽了最大的努力，在这个过程中他也突破了自己。

## 四、循序渐进——遵循学习最近发展区

问题的难度系数也很关键，它关乎题目能否被有效解决。让小学生去做微积分，显然超出了他们的认知发展阶段。题目的设定应遵循维果茨基的最近发展区理论，安排合理难度，适当的挑战可以激发孩子的求知欲。当孩子通过努力达成目标时，他们会很有成就感，这种成就感促使大脑释放内啡肽，进而产生学习动力。久而久之，孩子就会喜欢上这种挑战困难的感觉，很多数学学得好的孩子特别喜欢解决挑战性的题目，因为他们享受完成挑战之后的成就感。

当孩子出现畏难情绪时，家长首先不能焦虑，更不要去责备孩子。畏难是人之常情，家长首先应给予孩子充分的勇气，让他们无惧失败。然后家长和孩子一

起寻找解决问题的方法，将复杂的问题拆解为若干个小问题，鼓励孩子享受解题的过程。最重要的是，家长应一如既往地陪伴和鼓励孩子，一起克服困难。而一次次克服畏难情绪的过程，不仅能帮助孩子避免形成习得性无助，更重要的是，能让他们体验到突破自我的快乐，逐渐成为一个不畏困难、勇往直前的人。

# ⑤ 家有初中生，家长该如何进行有效沟通？

家庭是孩子出生后接受教育的首个"课堂"，父母也是孩子人生当中的第一任老师。因此，家庭教育是学校教育的重要补充。随着现代教育内容的深入和教育结构的不断调整，家庭教育的方式和载体也在不断延伸和完善。进入初中阶段后，由于学业压力增加和孩子进入青春期，家长与孩子之间的沟通往往会出现一些问题。为了孩子更好地成长，家庭成员之间该如何进行有效沟通呢？

在我们的家庭中，孩子的教育常常被置于极其关键的核心位置，这反映了社会的进步和教育意识的提升。初中阶段是青少年成长的关键时期，不仅是他们形成正确世界观、人生观与价值观的时期，也是增长知识和培养实践能力的时期。大部分初中生的年龄在13岁至15岁之间。这一阶段的学生心理发展尚不成熟，缺乏社会经验，尤其是在面对学业压力和人际关系压力时，更加缺乏应对能力。这时就需要家庭教育的参与。此外，初中阶段是人生的关键转折期，学生的生理和心理都会产生显著变化，而家庭教育极大地影响着学生的成长。例如，很多初中生开始对学业、生活、职业生涯规划有了自己的独立思考。无论是家长还是教师，都应该帮助初中生顺利度过这一阶段，了解他们的所想所思，为他们排忧解难。

家庭教育产生的不良结果大多是沟通不畅导致的。社会经济的发展和独生子女现状已使得现代家庭教育体系发生了巨大转变。大部分家长都会尽力满足孩子的物质需求，但却容易忽视对孩子情感世界的关注。部分家长因受工作环境和生活压力的影响，减少了与孩子沟通交流的时间，导致在与孩子沟通的过程中出现了很多问题，主要表现为过度严厉或过度放任。近年来，青少年因家庭教育所导致的极端事件时有出现，血淋淋的教训充分说明了家庭教育的主体地位。

家庭教育的重要地位、初中生的特点与现实需求之间的矛盾，以及家庭中无效沟通的危害，都使得在面对初中生时，家长与孩子进行有效沟通的策略显得尤为重要。

## 一、重视日常与民主沟通

当前，初中生和家长进行沟通的时间比较少。部分家长往往只在自己的孩子出现问题后才与孩子进行交流，但此时沟通效果往往不理想。因此，家长需要重视和孩子之间的日常沟通，通过多种交流渠道了解孩子的内心想法，营造良好的家庭情感氛围，并采用民主的教育方式。在以往的家庭教育中，很多父母采取专制或权威的教育方式，忽略了对孩子基本的尊重。因此，在今后的教育过程中，家长应信任并尊重孩子的合理选择。例如，在进行家庭决策时，可以积极鼓励并引导孩子作为家庭成员之一发表个人意见。无论意见是否正确，这都代表对孩子作为家庭成员的基本尊重，有助于营造家庭内部的民主和平等。

综合来看，良好的家庭氛围对初中生的影响显著。民主平等的沟通是初中生所喜欢的沟通方式，有助于孩子在这种家庭氛围的熏陶下与家长建立更加和谐的亲子关系。亲子关系是社会关系的一种特殊表现形式，家长应重视亲子沟通，提升与孩子的沟通交往技能，了解孩子日常所思所想。例如，每天晚饭后，家长可以和孩子就一天的学习生活以及家长自身的工作进行沟通交流，并定期举办一些参与度较高的家庭活动。这样家长才能真正走进孩子的精神世界，帮助孩子排忧解难，建立更加民主、和谐的亲子关系，使家长和孩子的相处方式趋向于朋友之间的平等交流。

## 二、更新家庭教育观念

家庭教育的主要场所是家庭，而家长作为进行家庭教育的主体参与者，需要树立正确的发展观和人才观。比如，很多家长对自己的孩子抱有过高的期望，这会给仍处于初中阶段的孩子带来沉重的心理压力。因此，家长应该树立正确的人

才观，正确引导孩子成才的价值取向，并根据孩子的实际能力提出最适宜的发展目标。具体来讲，家长应与孩子就日常所学的知识进行交流和探讨，了解孩子在学习中遇到了哪些困难，并给予孩子耐心细致的指导。此外，家长对孩子的期望要符合孩子的身心发展特征。在设定目标时，要尊重孩子的意见，可以先设定一些小目标，等孩子达到这一目标后，再合理提升要求。每个人都有性格和文化素养上的差异，每个人所适应的工作岗位和社会角色也有所不同。家长应尊重并支持孩子的兴趣爱好与个人选择。总而言之，家长要注重和孩子之间的沟通与教育方式，不能将自己的地位凌驾于孩子之上，而是要与孩子建立平等、尊重的亲子关系。

## 三、家庭教育与学校教育的密切配合

家庭和学校是学生日常活动的主要场所，也是开展教育的主阵地。家庭教育和学校教育相辅相成，密切联系，共同承载着育人的重任。因此，家长需要和学校进行合理沟通，与班主任及科任教师保持联系，了解孩子在各个学科中的表现及存在的问题，并共同商议解决方案。在现代互联网高速发展的时代背景下，家长可以通过QQ、微信等方式与教师保持沟通和联系。这些渠道不仅能让家长了解孩子的学习动态，还能促进双方共同探讨教育技巧、共享教育资源。当学校教育和家庭教育形成合力时，家长和孩子之间的沟通也将更具针对性。特别是对于特殊家庭的孩子（如单亲家庭或留守儿童家庭），学校教育和家庭教育之间的合作需要更加紧密，注重环境对学生产生的影响，关注每一名学生的情绪变化等。

## 四、心理引导和沟通

通常情况下，初中生的心理健康问题体现在以下三个方面：一是与学习有关的主观问题，如升学压力、考试压力；二是人际交往方面的问题，例如，很多初中生和同学之间的关系不融洽，或与父母无法保持正常的沟通交流，甚至对老师产生抗拒心理；三是青春期的特殊心理问题，包括青春期闭锁心态、错误的性观念、无法面对情感挫折等。诸如此类的问题，都是初中生这一特殊年龄阶段的常见问题，家长应从心理健康的角度出发，与孩子进行深入的交流，并给予指导。在日常生活中，家长应多了解孩子的需求，即便孩子犯了某些错误，只要是非原则性错误，都不必过分苛责孩子，而是先倾听孩子的想法及这样做的原因，然后，共同商量要采取怎样的改进方式。例如，如果孩子因为无法处理人际关系而变得自闭或孤独，家长应引导孩子勇敢地参加班级内部的各项集体活动。在遇到问题时可以先自行解决，无法解决时，及时向老师、家长求助，只有这样才能从根源上减少人际沟通层面的障碍，顺利融入班集体。

以上是解决初中生与家长有效沟通的常用策略。孩子的成长需要家庭、学校乃至社会的广泛关注，尤其是初中阶段的学生，他们正处于特殊的年龄阶段，家庭教育在这一阶段应发挥重要的引导和支持作用。家长应多了解孩子，并与孩子保持有效沟通，综合考虑教育观念、教育内容、教育方式和教育环境等因素，确定最佳的沟通方法。

# ⑥ 关爱学生身心健康，家校合作应该如何开展?

伴随教育改革，学生的健康成长不再局限于身体健康，还涵盖心理健康。近年来，社会和学校中出现了一些因学生心理问题引发的不可挽回的事故，给教师带来压力，也使心理健康问题成为社会高度重视的焦点，因此，它也是当今学校教育的重点和难点之一。随着"五育并举"教育理念的提出及推广，体育锻炼得到老师和父母的重视。但有些学生虽拥有健康的身体，却没有健康的心理。尤其是当今的中学生，他们虽有一定的自我独立意识，但独立判断是非能力尚不健全，正处于身心发展的关键时期。此时，学校和家庭的教育方式对学生具有深远影响，极大程度上影响着学生的生命意识和健康心理。那么，家校之间应如何展开合作，以增强学生的生命意识并促进其心理健康呢?

教育工作看似复杂，实则是一个系统的教育工程。虽然老师在这项工程中起着重要作用，但学校教育并不能完全决定学生的学习能力和综合素质发展，这一系列的教育工作只靠学校是远远不够的。家庭教育才是学生接受的最初教育，父母是孩子的第一位老师，是孩子最信任的人，是一切教育的基础与开端。

在新时代的背景下，随着经济的腾飞，以及生育政策的调整，"二孩时代"和"三孩时代"正式开启。许多孩子不能适应家庭中突然增添新成员的情况，加之父母精力有限且未及时引导，往往无法自我调节，在一定程度上出现心理失衡。当今社会，孩子的家庭地位日益提升，容易养成唯我独尊的性格，导致人际交往能力不足。再者，父母工作繁忙，孩子由家中其他长辈照顾，隔代亲使长辈对孩子宠溺，让孩子形成叛逆心理，致使亲子关系紧张，进而造成家校合作脱节。在学校教育中，家长是老师的最佳合作伙伴。老师每天面临纷繁复杂的教育工作，家长也承受着巨大的工作压力，导致家校的沟通越来越少。家长和老师无法及时了解孩子在学校及家庭中的日常表现，不能及时根据孩子情况更新教育方案，这是家校合作面临的重大挑战。

## 一、调动家长家校合作的积极性，激发其关注学生心理健康的热情

"一千个人眼中有一千个哈姆雷特"，不同的家庭有不同的教育环境，不同的父母有不同的教育理念，但并非所有的理念都是积极正向的。因此，学校应与家长密切合作，保持行之有效的沟通交流。家校合作是保障学生心理健康教育顺利开展的前提，学校应树立"家长是学校教育最佳合作伙伴"的理念，并为家长提供教育方法和教育案例供其参考选择。为实现这一目标，可采取以下措施：

一是建立便捷的沟通方式。除传统的电话和微信联系外，还可以借助家校联系本，让老师、父母、孩子每日留下简短的话语。

二是利用现代科技，提供教育资源。如建立家校合作公众号，学校可将优质的教育案例、有效的教育方法分享至公众号，也可邀请在家校合作培养学生生命意识和健康心理方面有正确见解及教育方法的家长在公众号上分享经验与心得。

三是开创特色家校合作模式。例如，邀请心理教育专家到校举办讲座，创办家庭学校，推行"家长开放日"等活动。

## 二、家校建立统一的心理健康教育理念

苏联教育家苏霍姆林斯基曾把学校和家庭比作两个教育者。他认为，这两者不仅要一致行动，要向儿童提出同样的要求，更要志同道合，秉持一致的教育理念。只有这样，学校与家庭在心理健康教育领域紧密协作，才能让孩子在和谐且连贯的教育氛围中，逐步构建起坚韧的心理防线。比如在面对学业压力时，孩子能凭借家校共同培育的良好心理素质，合理调节情绪，制定学习计划。

### 三、借助传统节日进行德育

综合素质教育是当今教育的重要内容，德育则是其中的关键部分，而孝道教育是德育的核心之一。国家重视传统文化教育，因此，家校应携手合作，充分利用传统节假日开展德育活动。一是教师节期间，开展"老师，谢谢您！"等征文活动，强化立德树人的教育理念，为孝道教育理念的渗透创造条件。二是父亲节、母亲节时，组织孩子开展"爸爸妈妈，你们辛苦了！"等主题活动，比如为父母洗脚等，以此促进孩子与家长的情感交流，助力孩子心理健康发展。三是重阳节时，组织孩子前往敬老院等场所，开展"尊老"活动，老师和家长通过实际行动感染孩子，加深孩子对孝道的理解。四是在清明节期间，组织"祭拜英雄"实地参观和征文活动，家长和孩子一同前往烈士陵园祭拜烈士，家长向孩子讲述英雄故事，孩子通过聆听讲解和实地参观抒发感受，引发情感共鸣，促进心理健康。

最后，正如俗语所说："你浇不浇，庄稼都会长大；你教不教，孩子都会长大。"但"收成"却大相径庭。家校共育，与爱同行，需要老师、孩子、家长三方共同努力，才能达成目标。其中，正确的方法靠老师引导，认真的态度靠孩子秉持，持久的坚持靠家长维持。三方合力，才能培养出具有生命意识和健康心理的学生。

#  临近期末，家长怎样帮助孩子避免无效复习？

每到期末，孩子们便会进入紧张的复习备考阶段。很多家长反映：他们原以为孩子会拿着书认真梳理笔记、整理错题，可实际上，孩子复习开始时书在第一页，结束时书依旧在第一页。除了时间流逝，什么也没变，家长也不知道孩子脑袋里在想些什么。如此一来，复习效果不佳，孩子仿佛陷入了无效复习的困境。那么，怎样进行有效复习呢？又有哪些需要注意的地方？下面以数学学科为例，介绍一些常用的复习策略。

## 一、明确复习目的，不止于温故知新

孩子不知道如何复习，一个重要原因在于复习时未设定具体目标，往往只是单纯地看书、看笔记。常见的情形是，孩子不管自身情况如何，也不管重难点所在，都从第一页书开始复习，最终致使复习效率低下，甚至毫无成效。实际上，复习就是通过再次学习，找到自己已经遗忘、存在遗漏以及理解有误的知识，进而进行有针对性的训练和巩固。所以，在孩子开始复习时，一定要让其先明确具体的复习目的：是要对知识进行体系化的认知，还是对易错易忘知识加以巩固，抑或是对薄弱板块知识重新学习。只有清晰地知道自己的复习方向，复习才会有效。因而，如果感觉孩子复习没有目的，家长就需要引导孩子找准复习目标，从而帮助孩子有效且高效地复习。

## 二、绘制思维导图，构建知识体系

孩子所学知识繁多，时间久了知识容易变得零散且易被遗忘，这是非常正常的现象。好在数学学科的知识之间联系紧密，通过绘制思维导图的方式，可以逐渐找回知识之间的关联，进而构建自己的知识和认知体系。在复习教学过程中，

我会让孩子根据自己的理解绘制思维导图，目的是借助思维导图分析他们遗忘或遗漏的部分，以便在课堂上进行有针对性的复习。孩子自身也可以依据目录梳理所有的内容及对应的题型，并标出遗忘和遗漏的知识。在绘制思维导图时，应尽量涵盖每一个知识点，且最好标出该知识点对应的题型。这样一来，知识便形成了一个整体框架，而非杂乱无章。

### 三、分析错题集，提炼解题方法

在对知识形成总体概念后，针对尚未熟练掌握的部分进行纠错和再理解十分必要。对于数学学科，平时练习中的错题是学生极为宝贵的复习资源。每一个错题背后对应的并非单个题目，而是一类题型。数学家波利亚在《怎样解题》中指出：解题不只为了找到答案，更是反思解题过程中的一般性的、跨问题的思维法则，简单来说，是为了找到可复用的方法。所以对错题的反思与总结尤为重要，比如学生要思考自己当时为何出错，以及如何确保下一次不犯同样的错误，从中提炼出相应的解题方法，并进行练习巩固。练习时，既可以寻找类似题型，也可以自己进行题目变式练习，最简单的方式是改变题目的数据重新做一遍，或改变题目的条件、结论等进行变式训练。

### 四、劳逸相结合，避免无效努力

每学期期末阶段，孩子都想抓住最后的时间，因而比平时更加认真努力，投入了更多时间。但此时一定要注意劳逸结合，切忌打疲劳战。科学的复习方式离不开合理的作息安排，抢时间固然没错，但一定要保证足够的休息时间。在紧张的复习之余，家长可在周末带孩子出去适当放松，帮助孩子缓解学习压力。没有一个好的复习状态，可能只是表面上努力，最后不仅陷入无效学习的困境，不理想的成绩还会打击孩子学习的自信心。

以上是数学学科复习时的一些基本策略，其他学科大体类似。家长可根据相应学科老师的建议，对孩子的复习进行指导。但无论是哪一门学科，家长首先要留意孩子是否存在无效复习的情况。如果出现无效复习，家长就需要从方法上给予孩子引导，帮助孩子明确复习目标，找准复习方向，制定科学合理的复习计划，在家营造良好的学习氛围，陪伴孩子度过紧张而充实的期末复习时光。长此以往，不仅能帮助孩子养成高效复习的学习习惯，还能让孩子在为人处事方面更善于抓住关键，在复习时也能进一步提升效率。

# ⟨8⟩ 以爱育爱，家校怎样做到同心同行？

教育，不只是教师的工作，也是父母的修行。随着时代的发展，家庭教育的作用愈发受到重视，家校共育也日益成为现代教育的重要组成部分。"望子成龙，望女成凤"，对子女成才的殷切期望，乃是人之常情。幸运的是，在这条育人之路上，学校和老师与家长并肩同行。学校和老师与父母一样，最想把孩子教育好、培育成才，助力孩子找到人生目标、实现自身价值。他们不仅是家长教育孩子的好伙伴，更是家长的好帮手和引路人。但是家校共育不是家庭教育和学校教育的简单组合或叠加。那么，怎样才能成为具备家校共育理念的老师或家长？家校又如何真正做到同心同行呢？

## 一、父母和子女同行，是做好家校共育的前提

传统观念或许认为，家校共育就是家校双方达成一致的培育目标，家庭和学校各司其职，家长理解并认同学校的管理理念，积极按照学校和班级老师的要求，以家长身份去督促和管理孩子。这是许多家长所理解的家校共育。但这样的家校共育仅停留在表面，难以达成预期的效果。

殊不知，在家校共育理念下，学校老师对孩子提出的要求，同样也是对父母的要求。但在现实生活中，我们见过太多只对子女提要求，却对自己毫无要求的家长。他们以"大人"为由，不反思、不进步。有些父母一边玩着手机、熬着夜，一边理所当然地要求子女自律。又比如，学校老师希望孩子利用假期"读万卷书，行万里路"，但是家长有时间刷视频，却舍不得花时间做详细攻略，了解特色风土人情或相关历史，做孩子"知行合一"的先行者；还有的家长忙于工作，仅仅充当学校老师的传话筒和监督者，时刻挥舞着手中的"权杖"。试问，家长对自己没有要求，凭什么对子女提出诸多要求？又凭什么要求他们按照学校老师的建议成长呢？

育人先育己，家校共育理念的基础，是父母愿意花时间与孩子一起实现自我提升、共同成长。因为真正重要的，是你与孩子共同经历的过程中投入的时间与精力，而非仅仅追求某种外在的成果或象征。家长只有意识到这一点，像要求孩子那样，与孩子同行，至少让自己养成健康的生活习惯，培养业余爱好，认真对待工作，积极面对生活，愿意和孩子一起成长，如此才能实现真正的家校共育。

## 二、家校同心，是同向而行共育英才的保证

学校是教育的主阵地。无论是学习知识、素质培养，还是情操陶冶、人格完善，学校教育都至关重要。因此，有些家长可能会认为把孩子送到学校，教育孩子的责任就移交给了学校和老师，自己可以当甩手掌柜了。其实，孩子的教育同样离不开家庭教育，家庭教育和学校教育具有天然的互补性，两者只有紧密结合、共担责任，才能营造有利于孩子健康成长的教育环境。2022年，我国出台《中华人民共和国家庭教育促进法》，将家庭教育提升到国家事务层面，提升整个社会对家庭教育的认知，这也充分说明了家庭教育的重要性。既然家校共育必要且重要，那么家校双方怎样才能拧成一股绳呢？

俗话说："信任是一切合作的基础。"只有彼此信任，家长和学校才能同心同行，保证家校合力共育。但从当前的社会环境来看，存在诸多影响家校信任的因素，这些因素持续影响着家长对学校的信任度。例如，家长对学校教育存在过高或是不合理的期望、时不时冲上热搜榜的家校冲突、家长对学校品牌或名气的过度看重，以及家长和老师之间缺乏有效沟通等，这些都使得家长乃至整个社会很难信任学校和老师。随着社会对孩子教育重视程度的提高，家长对学校审视和怀疑也越来越多，导致有的家长群成了老师疲于应付的"加班群"，有的则成了家长盲目点赞老师的"夸夸群"，这些都是现代社会教育的"怪象"。身处这样的社会环境，家长要做的就是不被社会上的一些"少数现象"和"偏见"裹挟，保持清醒的判断力，避免一叶障目。我们常说学校教育要有温度，可学校和老师也需要被给予温暖，不是吗？家长的信任，是学校致力寻求优质教育的动力，是源

源不断为教育一线工作者输送暖意的春风，是助他们克服困难、倾心教育学生的力量源泉。家校同心同行，其利断金。

在教育这条道路上，无论是实施家庭教育的家长，还是从事学校教育的工作者，都是参与者，我们有着共同的目标——培育好每一个孩子。随着社会和教育的发展，学校和家庭已不再局限于一般意义上对学生学习情况的联系沟通，而应成为学生成长的重要组成部分。为使双方形成合力，家长应不断学习，树立家校共育新理念，与老师有效配合，疏通家校共育不同步、不合拍的堵点，为孩子营造和谐的家庭环境和校园环境，让孩子健康成长。

# 参 考 文 献

[1] 杨帅.儒家文化引入中学德育教学路径研究[D].郑州：河南大学，2016.

[2] 李海霞.新时期初中班主任班级管理的策略探析[J].中学课程辅导（教师通讯），2021（7）：105-106.

[3] 善孝德.整合德育环节提升初中班级管理效能[J].新课程，2022（15）：228-229.

[4] 高霞.新时期初中班主任班级管理方向与技巧探讨[J].试题与研究，2021（20）：125-126.

[5] 陈维鹏，李峰贤.新课改背景下如何做好初中班级管理工作[J].中学课程辅导（教师教育），2019（12）：9.

[6] 黄继梅.新时期初中班主任班级管理策略分析[J].新智慧，2021（9）：53-54.

[7] 郭丽薇.家校携手，助力成长：关于初中班级管理中家校合作的思考[J].教学管理与教育研究，2020，5（14）：107-108.

[8]中共中央 国务院.关于全面加强新时代大中小学劳动教育的意见[N].中国教育报，2020-3-27（1）.

[9]中华人民共和国教育部. 义务教育劳动教育课程标准（2022年版）[M].北京：北京师范大学出版社，2022.

[10] 张成魁，魏晓云，韩爱华.初中劳动教育校本课程育人价值的提升策略[J].教育科学论坛，2022（17）：52-54.

[11]李娟兰.用厨艺推开班级幸福之门——探索初中生劳动教育的有效途径[J].教师，2021（4）：93-94.

[12] 刘莉.数学课前三分钟，热身运动之巧妙[J].读与写：教育教学刊，2013（3）：209.

[13] 王自汉.基于核心素养的初中数学学习习惯的培养路径[J].学周刊，2021，2（6）：87-88.

[14] 奥苏贝尔 D. P. 教育心理学：认知观点[M].北京：人民教育出版社，2003.

[15] 姜卫钧.在活动的天地里玩转数学——小学数学学科活动实践策略之尝试[J].小学教学参考，2014（73）：70-71.

[16] 李硕楠.基于项目式学习的小学数学活动课程设计研究[D].海口：海南师范大学，2021.

[17] 刘竞贤，刘卫红.初中生家庭教育中父亲角色缺失的现状及其对策[J].师道：教研，2016（6）：105-106.

[18] 巫菊香，匡红永.农村初中生与家长沟通的现状与对策——以增城区新塘镇第三中学为例[J].新课程：中学，2017（5）：246-248.

[19] 魏书生.班主任工作漫谈（修订本）[M].北京：教育科学出版社，2018.

[20] 李镇西.做最好的班主任[M]. 2版.北京：文化艺术出版社，2019.

[21] 苏霍姆林斯基.给教师的建议[M].杜殿坤，编译.北京：教育科学出版社，2018.